致讀者

假如你經常覺得自己達不到期望標準，做不到自己應該成為的樣子，你就是這本書的目標讀者。

你所感受到的有一個常用的標籤——羞恥。當我們持續覺得自己不被接納、不配，以及沒有成為理應成為的好人，就會感到羞恥。羞恥是一種壓在我們靈魂上模糊、不確定的重擔，阻礙我們為著生命的美好而感恩，奪去我們內心的喜樂。羞恥是一種原始的感覺（primal feeling），會讓我們其他的感覺都褪色，也影響著我們對人生中其他人和其他事的感受。

然而感到羞恥並不一定是壞事，有時會讓我們接觸到自己最美麗的一面，也會讓我們警覺自己正步向成為一個不希望成為的人。可惜羞恥通常經扭曲、誇大、脫離現實地被視為一種「不配」的不健康感受。大部分的人都擁有兩種羞恥——健康與不健康的羞恥感，亦即我們應得與不應得的兩種羞恥。

好消息是，羞恥是可以被治癒的，我相信治癒羞恥感最好的開始是透過內在屬靈的經歷，具體一點說，經歷奇異恩典是治癒羞恥感的最好開始。

一個由沉重到輕省的旅程
區祥江博士

香港中國神學研究院輔導科教授

作為一個心理輔導工作者，我們見證了不少人被羞恥感重壓而要從這可怕的感受走出來，實屬不易，特別對於我們中國人。有人稱西方的文化是以罪疚為主調，而中國人的文化是以羞恥為軸心。我們成長的過程經常被家長、老師提醒，什麼是丟臉、什麼是難看，為了不在人前出醜，我們產生不少心理和人際的問題。

Lewis Smedes 是在福樂神學院教我信仰與心理整合的老師，他本身是一個神學和倫理學的學者，後期將他的學養轉戰於一些關注人心的心理和人際課題，最廣受讚許的是《Forgive and Forget》一書，成為美國的暢銷書。

Lewis 從人性的角度切入，捕捉羞恥的面貌，包括羞恥感在情緒角度的近親，如：內疚感的分別、羞恥感健康與不健康之分，也為我們找出羞恥感的來源，除了家庭和社會之外，原來我們自己，甚至教會，也會是我們羞恥感的製造者。

筆者在輔導的工作中也對這課題有一些研究，細讀 Lewis 所寫的羞恥感，其實他對這問題的研究和親身體驗的程度，像是沒有一塊石頭沒給他翻過一樣，但他行文卻貼近我們的經歷，也不乏他自

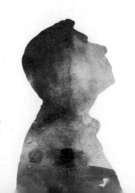

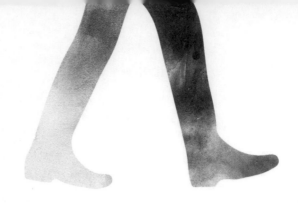

己的分享。所以，邊看邊對自己和身邊的人因羞恥感所困而了解不少。當中不少真知灼見，帶來許多心靈的迴響。

這本書以羞恥的問題作開始，一步一步將我們帶到恩典的桌前，叫我們不再逃避面對羞恥感。我們若能正視它，羞恥感甚至可以是我們走向神的一條通道，在神的奇異恩典下，接納自我，叫我們找回輕省的腳步，甚至有力量與那些羞辱我們的人共舞。

這本好書已出版多年，難得亮光文化將它翻譯成中文，讓我們華人讀者有幸讀到這本經典作品，在此衷心推薦給每個想認識自己的人性和神恩典的奧秘的人，因為神就在我們人性的困難和陰暗中與我們相遇。

> 我最喜歡的一段是「恩典的輕省」：從羞恥中得解脫，讓我們不單學習接納自己，更有勇氣「與羞辱我們的人共舞」。

蔡元雲醫生

「突破匯動青年」會長

史密德（Lewis B. Smedes）是一個很有人情味的神學家，他的著作往往一針見血，看透我們內心深處的掙扎，並且按神的話以溫柔、智慧的言語指引我們前行的路。

華人被稱為在「羞恥感深重的文化」中成長的一個民族：家長養育子女的嚴詞，教育制度的強烈競爭性，職場中的壓迫和淘汰文化都為我們製造出沉重的羞恥感。本書不單為我們探索羞恥的種類和源頭，更深入地展示如何在神的恩典中使羞恥得醫治。

我最喜歡的一段是「恩典的輕省」：從羞恥中得解脫，讓我們不單學習接納自己，更有勇氣「與羞辱我們的人共舞」。這令我聯想到史密德另一本感動我很深的書：《Forgive and Forget》——是基督的十字架讓我們得饒恕，並饒恕曾經傷害過我們的人，甚至有一天「與他們共舞」！

SHAME and GRACE
為何總覺得自己不配任何美好？

　　我相信每個人在不同程度上都經歷過什麼是「羞恥」；誠意推薦這本好書，讓我們從新的角度面對內裡的「羞恥」及那些叫我們感覺羞恥的人。

> 羞恥感，是一個很有深度的心智議
> 題，但很少有書籍有系統的來談這個話
> 題。而當我看到亮光文化這本《為何總
> 覺得自己不配任何美好？》時更讓我覺
> 得驚豔，因為作者史密德教授竟從「恩
> 典」的角度來切入去談「羞恥」……並
> 教導我們從恩典的角度去勝過不必要的
> 羞恥感。

羞恥，是心智的煞車系統
施以諾博士

作家、輔大醫學院職能治療學系精神科專任教授

不久前，我注意到一則新聞，某大廠牌的汽車因為煞車系統異常，而在某地區召回數以萬計的車輛。我相信這是一則讓買到該款車輛的車主們震驚的新聞！試想一輛車子若沒有正常的煞車系統，那還得了？一旦出事，所可能造成的損失將無法估計。

如果我們把人的心智給比喻為一輛車，那「羞恥」就猶如心智這輛車的「煞車系統」，這項煞車系統若失靈，人就會暴衝、失控，闖下大禍。我們不難想像，當年的大衛王如果有足夠的羞恥心，就不會犯下謀殺忠良奪其妻的大錯；歷史上許多政客若有羞恥心，在

收受賄賂時就不會如此行徑囂張；某些黑心商人當時若有羞恥心，也許今天就不會有這麼多的黑心食品的新聞事件；一個有正常羞恥感的人，也必不會在沒人看到時做出太沒有公德心的事。人，若能有不失靈的羞恥感，就能在自己想要做某些事時，為自己這樣的念頭踩煞車！就不會失控做下那樣的事。羞愧，是心智的煞車系統。

而反過來說，一個人若懷有過度的羞恥感，過度的自卑、自我形象低落，也將有如一輛車老被踩住煞車那樣，動也動不了，哪兒也不用去了。

羞恥感，是一個很有深度的心智議題，但很少有書籍有系統的來談這個話題。而當我看到亮光文化這本《為何總覺得自己不配任何美好？》時更讓我覺得驚豔，因為作者史密德教授竟從「恩典」的角度來切入去談「羞恥」，除了談到什麼是健康的羞恥感、不健康的羞恥感等議題之外，甚至分析了羞恥感的源頭，並教導我們從恩典的角度去勝過不必要的羞恥感。

更讓我佩服的是史密德教授用極為生活化的筆觸去探討上述的議題，大大提高了這本書的可親性。

羞恥，是心智的煞車系統！每一間車廠在為回廠的車做定期維修時，煞車系統一定是必要的項目之一；我們人也應該常檢視自己對人、事能否有正常、健康的羞恥反應，以免自己暴衝、失控，或是停滯不前。你我心智的煞車系統正常嗎？如果你想針對自己這方面來個心智健檢，不妨就從閱讀這本《為何總覺得自己不配任何美好？》開始吧！

司徒永富博士

鴻福堂集團執行董事

剛看到書名《羞恥與恩典》（Shame and Grace）（原書名），就已經吸引著我，讓我產生很多思考。對於信徒來說，恩典是美麗的、是美好的、是讓人嚮往的，這絕對是人生中最好的禮物。

另一方面，羞恥自然是相對負面的東西。很多時候，我們只會在做錯事的時候感到羞恥。而對於成年人，能讓我們情緒不安，感到無地自容，莫過於內心對自己的愚蠢行為感到內疚、羞恥。這樣看來，恩典和羞恥是南轅北轍的東西，這書是怎樣將它們拉上關係呢？

看畢此書，相信你會和我一樣恍然大悟，原來羞恥也不一定是壞的東西。例如一位老太太一生為著家庭和事業奉獻自己，但到死前她仍覺得自己可以再做好些，因而產生羞恥。在外人眼中，她一生已經做得很好，她根本沒有需要感到羞恥的原因，但就是因為她對自己的要求更高，反倒虛己，她這樣的人生態度其實也是很不錯。

我誠意向大家推介此書,除了因為作者 Lewis B. Smedes 專業的背景,更重要的是他用了很多生動而且真實的例子和我們分享,讓我們能夠置身其中,與作者進入一個奇妙的思考之旅。還有,我們閱讀此書時,不像單單看書,而是由作者手拉著我們,一步步探索「恩典之路」。

《為何總覺得自己不配任何美好？》這本書，作者所談及的就是這些「羞恥」，而作者在這本書中給了讀者一個很大的出路，就是「恩典」。

在恩典裡沒有羞愧
張崇德博士

跨媒體音樂人、歌手

　　在傳統中國人的社會裡，「望子成龍、望女成鳳」這個觀念非常普遍，很多人都無可避免地在這個觀念下成長。另外，也因為傳統中國人普遍的思想較為保守，所以讚賞的話通常不會掛在口邊，因為恐怕會讚壞了兒女而令他們變得驕傲。取而代之，反而是一大堆「為何別人可以考到好成績，你卻考不到？」「你到底有沒有盡力？」「你現在不好好讀書，未來出到社會怎樣和別人競爭啊？」等帶來負面影響的話。當子女長期活在父母的期望下而達不到他們的標準時，很容易就會有羞恥的感覺。

　　除了家庭外，社會的價值觀也充斥著「贏在起跑線」的觀念，對人或多或少都會增添一種無形的壓力。當人長期活在競爭、互相比較及別人的期望下，很容易會覺得自己是差勁的、不夠好的、不被接納，不被認同，出埃羞恥的感覺。

　　《為何總覺得自己不配任何美好？》這本書，作者所談及的就是這些「羞恥」，而作者在這本書中給了讀者一個很大的出路，就是「恩典」。作者很細緻地把 Shame（羞恥／羞愧）的種類列出及說明，讓讀者可以分辨出健康與不健康的羞恥感，以及探討羞恥的源頭。除此之外，作者更用了很多的篇幅去帶出如何靠著上帝的恩典去治療羞恥感，對於很多正被羞恥感纏繞著的人來說，這本書肯定會為他們帶來希望。在此誠意推薦《為何總覺得自己不配任何美好？》，衷心祝願這本書能夠成為所有讀者的祝福！

本書裡描述羞恥感的這一段話深深打中我：「它是一種揮之不去的悲傷，也可以是一股尖銳的痛苦，在你感覺最好的那一刻刺傷你。」

林茗棣 Q.LAM

作家、「QLAM 福音事工」同工

那是一段網路上的實驗影片：小房間的桌上放著兩個洋娃娃，膚色一黑一白，一群不同膚色約三到十歲的小孩，輪流進到房間來接受訪問。每個孩子，無論是白人、黑人還是黃種人的小孩，都一致認為黑人洋娃娃是壞的、醜的、笨的，而白人洋娃娃則是好的、漂亮的，甚至他們全都喜愛白人洋娃娃，甚至喜愛到抱在懷裡。來到實驗的最後一道題目：「你比較像哪個洋娃娃？」黑人小孩放下了手裡的白人洋娃娃，收起了笑容，唯唯諾諾地指著桌上的黑人洋娃娃……

書裡一開始史密德教授描述他媽媽終其一生都為著工作、家庭、信仰盡心盡力，卻仍感到自己不配的故事，就已經讓我紅了眼眶。如同上述的實驗影片一般，世界上到底有多少人背負著這種沉重卻莫須有的羞恥感直至生命的盡頭？我當然明白我們的人生不可能不會犯錯，但在那之餘，又有多少的羞恥感並非來自於我們所犯的過錯，而是這世界圍繞在我們周遭的扭曲價值觀所致？有時，甚至是那些我們以為存有真理的地方。

人不完美，也不可能完美，錯誤是我們人生經驗裡不可或缺的老師。「錯誤」有個助教叫「良心」。「良心」專門提醒我們回到真理裡省察自己，得以成長。有些學生對助教不屑一顧，導致自我失序也傷害他人；有些人則把這位助教想像得太過嚴厲，嚴厲到將「羞恥」這個懲罰給帶了來，讓它架著我們上斷頭台，直至我們變成自己的劊子手……即便，根本沒有法官或陪審團判我們死刑，甚

至，還有「愛」這個免費且強大的律師來為我們擔保辯護，我們卻寧願放棄這個「恩典」。

你是哪一種？

本書裡描述羞恥感的這一段話深深打中我：「它是一種揮之不去的悲傷，也可以是一股尖銳的痛苦，在你感覺最好的那一刻刺傷你。」我這近四十年的人生裡，做過不少的蠢事，有時候我可以忘記背後勇敢向前，但當我又再度遇到那些與該蠢事相關的人事物的時候，羞恥感就會瞬間佔滿我腦袋，讓我想立刻找個洞把自己埋起來，就好像這一生我都無法擺脫那個曾經的愚蠢，我跟愚蠢是畫上等號的一樣。直到某天我看見了這段話：「所以我們只管坦然無懼地來到施恩的寶座前，為要得憐恤，蒙恩惠，做隨時的幫忙。」（希伯來書 4:16）

人不完美，也不可能完美，但就正是因為不完美，我們得著恩典、被完全地接納，也才有機會體會被愛，進而懂得了愛。

無論膚色、行為、學歷、經歷，或世界各式各樣的標準，你相信自己值得被愛嗎？

如果答案不是那麼的肯定，或是腦袋清楚可是心卻還沒感受到被愛摸著，我推薦你看這本書。

讓史密德教授藉由生活化的實例，深刻仔細地解說，引你進入一段愛的旅程，使恩典帶領你走出羞恥的捆綁，活出一個真自由的人生！

◆

許超彥醫生
精神專科醫師、鋼鐵人醫生

　　作者深入淺出地介紹不健康的羞恥感和相關的解方，豐富的人物故事讓人很容易產生共鳴，平易近人地敘說上帝的恩典帶來多麼不可思議的醫治。本書是值得您閱讀及沉澱的傑作，從中能發掘真實的自我，找到人生渴求的輕省與無所畏懼；願您也像我一樣享受這趟閱讀旅程帶來的洗滌。

CONTENT

致讀者   1

序、推薦文   2

PART 1 The Heaviness of *Shame*

羞恥的沉重

1　沉重非常的感覺   21

2　羞恥感的近親   30

3　最容易感到羞恥的人   40

PART 2 The Varieties of *Shame*

羞恥的種類

4　健康的羞恥感   60
　　來自真正自我的聲音

5　不健康的羞恥感   70
　　來自虛假自我的聲音

6　屬靈的羞恥感   84
　　面見神的必要代價？

7　社會的羞恥感   96
　　被拒絕的痛苦

8　羞恥感   109
　　秘密的守護者

PART 3 The Sources of *Shame*

羞恥的源頭

9	父母如何令我們感到羞恥	120
10	教會如何助長我的羞恥感	132
11	我們如何令自己蒙羞	142
12	逃離羞恥	153
	插曲 一篇小寓言	164

PART 4 Grace and The Healing of Our *Shame*

恩典與羞恥得醫治

13	醫治的開始	170
14	帶著我們的陰影	184
15	吟唱《奇異恩典》而不覺得像個罪人	190
16	發現恩典蹤跡之處	199

PART 5 The Lightness of *Grace*

恩典的輕省

17	與羞辱我們的人共舞	212
18	接納自己	224
19	輕鬆過生活	239
20	喜樂重返	248

| 後記 | 261 |

The
Heaviness
of *Shame*

羞恥的沉重

1.

A very heavy feeling

沉重非常的
感覺

羞恥的一個普遍感受是：
持續地認為自己在根本上是壞透的、
差勁的、有缺陷的、一無是處的，
或者覺得自己沒有充分發揮作為一個人的價值。

梅爾·福薩姆
Merle Fossum

我隱約感覺有罪惡感，但是想不出有任何確切的事情會令我有如此感覺。我的朋友尼爾‧華倫（Neil Warren）明白我的感受。大約是十年前的事了，當我告訴他我的感覺時，他的眼睛帶著笑意地說：「路易，我想你感受到的不是罪咎感，而是一份羞恥感。」

他的話似乎頗有智慧，但是我花了一些時間才明白。我從來沒有勇氣犯下滔天大罪，所以我不大可能被過去罪行的陰影所籠罩。但是在我的心裡，卻背負著沉重的一份「不夠好」。我發現，這就是尼爾‧華倫所說的，我的問題不是罪咎，而是羞恥。

差不多在同一時間，在密西根州的莫斯克崗（Muskegon），我的母親給我上了第二堂關於羞恥的課。某一個下午，我到醫院去看她。那時她只剩幾週的壽命，不過只有她知道。冬日的太陽正徐徐落下，我們談了太久，她看來非常疲倦閉上了她的眼睛，眼角微濕，然後吃力地說：「噢，路易，我很高興主赦免了我所有的罪；你知道，我一直是個大罪人。」

大罪人？就我記憶所及，她大部分時間跪在地上，擦拭別人家裡的廚房地板，每天晚上為了五個令人煩擾的孩子而忙個不停；等到夜深，她再次跪在地上，這次是在自己的廚房，求主賜她力量，度過新的一天。她哪裡有時間、精力去犯大罪？

◆

A very heavy feeling
沉重非常的感覺

在生命最後的那幾週裡，她對自己——就是她一生中大部分時候的感覺，都是認為自己不夠好：不夠稱職的母親、不夠良善的基督徒，凡是想得到的事情都不夠好。對她來說，「不夠好」等同「壞透了」。「大罪人」是她唯一想得到、足以形容她沉重感受的字眼。

我緊閉著嘴，此刻想起了尼爾‧華倫對我說的話。我心裡暗道：「媽媽，讓你對自己感覺這麼糟糕的不是罪咎，而是羞恥。」沒錯，我的母親是不健康羞恥感的經典案例，日積月累、終其一生「不夠好」的感受。我的羞恥感是從她那裡學習來的。

更令我感到悲傷的是，這樣一個在主裡得勝的女人，卻在去世時覺得自己是個無恥的人。她的羞恥感完全與她的現實生活無關，她根本不應該承受這麼沉重的羞恥感。

但是等一下。毫無疑問的，我的母親確實背負著不應該有的羞恥感，然而在她活著的大部分時間乃至臨終前一刻，她都給人一份安詳沉著的感覺。在一個她不應該承受的艱苦生活中，她得著一份恩典，讓她的羞恥感轉化為平安。她的生活中充滿了羞恥所具備的模稜兩可的特性：感到羞恥是個糟透了的經歷，但是、但是、但是……

暫且忘記模稜兩可這個問題，讓我告訴你一個確實應該感到羞恥的案例。這個人是一個討人喜歡的人；有些人覺得他很有魅力，從舉止和名聲來看，他都是所謂的成功人士。我姑且稱呼他為理查‧馬隆。他是個極善於迷惑他人的邪惡之徒。我的意思是，他知道如何讓人在提出問題之前就答應他；他迷惑每一個認識他的女人，逗

哄她們的時候迷惑她們，利用她們的時候迷惑她們，把她們像破娃娃一樣丟棄時仍在迷惑她們。

　　理查‧馬隆誘哄他的客戶，對方即使受騙依然懵然不覺。他照著會計師建議的金額，捐款給著名的慈善機構，讓所有人都能聽到他的慷慨行為，然後公開堅持他的善舉是個人私下的事。他在人背後施暗算，踩著這些人的肩膀上位；他認為，受到傷害是弱者與強者競爭時所必須付出的代價。在做這些事情的時候，他「幾乎」可以肯定自己就是自由企業的最佳典範。幾乎肯定，但是並不完全肯定。

　　他承認：「大部分時候，我都相信自己的謊言。」

　　　　試過一次，大約凌晨兩點的時候，一個模糊的意念閃過我的腦際：我是個騙子。不，更糟的，我是個怪物。但是，當我面對那天第一位犧牲者的時候，我已經說服自己，我只是在做每一個成功人士為了保持領先地位所必須做的事。有時候我對自己感到噁心。然而，奇怪的是第二天我又故態復萌。

　　叫我生氣的是，這個邪惡的男子對自己的沉重感受，和我母親對自己的感覺相同。但我心想，這個人的羞恥感是他人格僅存的健全之處。

　　因此我們馬上就看到羞恥感的兩個極端。它可能是我們不應該有的不健康感受，例如我母親的感覺；它也可能是我們僅存的健康感覺，例如理查‧馬隆的羞恥感。

◆

26

　　問題是大部分人不像我母親那麼善良，也不像理查‧馬隆那麼壞。然而我們有許多人對自己的感覺就和他們一樣，覺得自己是個沒有價值的人。我們感受到的是所謂的羞恥感，而且根據所有的調查結果來看，很多人都有這樣的感覺。

　　那麼，羞恥感是什麼？它的感覺如何？我們如何知道自己感受到的是羞恥感？

　　首先，羞恥是一種非常沉重的感覺。它是一種「我不是我想要成為的那種人，而且我可能永遠做不到」的感覺。這種感覺，當我們意識到它的時候，會讓我們對自己感到隱隱約約的厭惡，接著感覺就像在我們心上放了一個大鉛塊。

　　幾乎每個人都會在某時候感覺羞恥，就像一個無形的負荷，重壓我們的心靈，粉碎我們的喜樂。它是一種揮之不去的悲傷，也可以是一股尖銳的痛苦，在你感覺最好的那一刻刺傷你。有一個人向我形容她的羞恥感，就像「一把在我對自己感覺良好的時候刺入我心中的刀」。但是即使羞恥感並不總是那麼尖銳，但往往仍是一種重擔，彷彿我們一直在進行上坡或跋涉過沼澤的漫長旅程。

　　可能當你在宴會中說了一些蠢話、有個人盯著你不放的時候，或是當你覺得每個人都在嘲笑你有多瘦、多胖或多笨拙的時候，羞恥感就會砸落在你身上。當沒有人看著你、只有你自己，而你看到的是一個騙子、懦夫、無聊人、失敗者、笨蛋、鼻子太大腿太細，或是一個不稱職的母親；總的來說，就是一個不會被人接納的可憐傢伙。

SHAME and GRACE
為何總覺得自己不配任何美好？

　　羞恥感關係到我們的自我——和我們做過或說過的壞事無關，而是和我們的本相有關。它告訴我們，我們整個人都是毫無價值的；不是自我的外衣上有一些裂縫需要縫補，而是整件布料都磨損了。我們覺得自己是不可被接受的，而這種感覺是一種會令生命感到疲憊的重擔。當耶穌邀請「勞苦擔重擔的人」將重擔交給祂、接受祂的輕省時，祂心中想到的就是背負羞恥感重擔的人。

　　以下是不同人向我描述帶有羞恥感的感覺，也是我不時會有的感覺。或許不妨問問自己，那是否也表達出你曾經有過的感覺。

- **有時候我覺得自己是個騙子。**

- **我覺得如果仰慕我的人真的認識我，他們可能會輕視我。**

- **我覺得能力不足；我甚少覺得自己能符合別人對我的期望。**

- **當我檢視內心，我很少為到自己而感到快樂。**

- **我覺得自己比不上那些我所認識真正優秀的人。**

- **我覺得神一定很討厭我。**

- **我覺得自己內裡有缺陷，有一些污點，有時候覺得自己骯髒。**

- **我覺得自己就是無法成為我應該成為的樣子。**

- **我覺得我永遠無法被人接納。**

　　如果你一直有這些句子所表達的感覺，你就是感到羞恥。

　　一個不易回答的問題：感受到羞恥是否總是壞事？一代笑匠卓別林（Charlie Chaplin）曾在他一部電影《點燈夫》(The Lamplighter) 中飾演一個愁眉終日的老人，長嘆一聲然後喃喃地說：「全世界共

同的問題是我們都厭棄自己。」今日的心理學家大多會同意卓別林的看法。

　　卡夫曼（Gershen Kaufman）對羞恥感的研究有助於破解其中的奧秘，他說：「羞恥感無可匹敵──它是靈魂的疾病。」有時候確是如此，但是同樣地，有時候羞恥感可能是我們對於心靈健康的渴望。同時，卡夫曼說羞恥感是「對我們基本尊嚴的侵犯」。有時候確是如此。然而，羞恥感有時候是我們和自己最具人性、最有尊嚴的那些部分的最後聯繫。此外，如果羞恥感讓我們覺得自己像條蟲，也可能我們當中有些人確實是條蟲。

　　無論健康或不健康、真或假，羞恥永遠給那些自覺不被接納的人一份沉重感覺，無論怎樣看，都是一種需要醫治的感覺。

　　為了更加認識我們自己的感覺，我們把羞恥感跟其他幾種一樣予人沉重的感覺做比較，肯定會有所助益。這是下一章會探討的內容。

2.

Shame's Close Relations

羞 恥 感 的
近 親

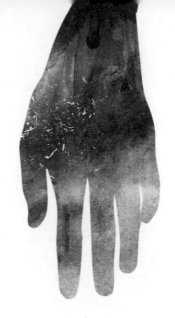

感覺是軟綿、困難、無法觸摸、滑溜的東西……
難以量化，難以溝通，
甚至在我們心中難以分辨各樣不同的感覺。

威勒・蓋林
Willard Gaylin

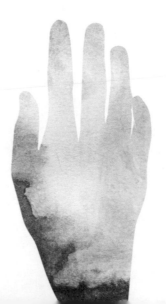

感覺在每個人心裡穿梭不息，有如弦樂四重奏中四種樂器的聲音；每種聲音都會產生自己真實的音調，然而小提琴、中提琴和大提琴的聲音流暢地交織在彼此之間，我們甚至不會試圖去聆聽它們個別的聲音。羞恥感和其他類似的感覺也是如此。它們彼此交織，有時候讓我們難以分辨。

我們要如何稱呼今天的感覺？是罪咎、困窘、沮喪、消沉、挫敗，或單純只是疲倦？還是覺得羞恥？我們的各種感覺都是近親，但是它們彼此之間的差異也和堂兄妹一樣地明顯。讓我們略略深入察看其中的一些差異。

1
感到罪咎與感到羞恥

理論上來說，罪惡感和羞恥感之間的差異應該非常清楚。我們因為所做的事情而感到罪惡感，或是因為自己的存在而感到羞恥；一個人因為做了錯事而感到罪惡感，還是因為自己是個錯誤而感到羞恥；我們可能因為說謊欺騙媽媽而感到罪咎，但也可能因為自己沒有成為媽媽期待的樣子而感到羞恥。

Shame's Close Relations
羞恥感的近親

　　在現實生活中，罪咎和羞恥的感覺是相互交疊的。我們確實因為自己的行為而感到罪咎，但是我們也可能因為自己做的某件事而感到羞恥。一個人可能因為說謊欺騙妻子而感到罪咎，也會因著自己是做出這種事的人而感到羞恥。

　　我必須說一個故事來闡述這一點，那是我甚為欽羨的兩位優秀作家的故事。其中一位是年輕的猶太裔記者，另一位是年長的基督徒小說家。那位記者後來成為我們這個時代最受推崇的作家，而那位小說家則是當時法國享譽盛名的作家之一。他們的名字是埃利‧維瑟爾（Elie Wiesel）和弗朗索瓦‧莫里亞克（Francois Mauriac）。

　　維瑟爾在童年時，和他的父母一起被送到集中營。他的父母都被殺害；他則活了下來。戰爭結束一段時間後，維瑟爾在巴黎一家意第緒語¹報社工作。雖然他已經成為記者，但是他發誓絕對不撰寫任何與他的經歷有關的事。他覺得大屠殺的苦難太過超然可畏，無法用人類的語言來講述如此嚴肅莊重的事，否則是種「不敬」。

　　在巴黎，維瑟爾把弗朗索瓦‧莫里亞克視為偶像。但是這位偉大的作家有一件事情令他感到惱怒，莫里亞克很喜歡談關於耶穌的事，而維瑟爾認為他做得太過火了。有一天晚上，這位年輕記者到莫里亞克的公寓作客，莫里亞克又談起耶穌，而維瑟爾覺得自己已經受夠了。

---

* 註¹ **意第緒語（Yiddish）是猶太人使用的一種國際語言**

他脫口而出：「莫里亞克先生，你一直在講耶穌受苦的事，但是我可以告訴你，我親眼看到猶太小孩受到比耶穌更大的痛苦。」就在那裡，他當著這位偉大人物的面說出這些話，羞恥的浪潮層層把他淹沒。「什麼樣的人會做出這種事？」

維瑟爾站起來，低著頭，朝著大門走去。就在他即將走出去的時候，莫里亞克請他稍候。這位年長的作家走到維瑟爾身邊，把一隻手搭在他的肩膀上，說：「維瑟爾先生，我真的認為你不寫下關於大屠殺的事情，是一個錯誤。」

維瑟爾做了一件事，也因為自己做了這件事而感到羞恥。他並沒有做出任何離經叛道的事情；通常有高尚情操的人比一般人更易為自己所做錯的事情而深感羞恥自責。重點是維瑟爾自覺對這位備受尊重的作家所做的事，讓他感受到的羞恥感大於罪咎感。

這足以說明罪咎和羞恥是不斷變動的感覺，從來不會照著我們所給予的定義和期待那樣，停留在原來的位置上。然而，區分其間的差異是對我們有幫助的，我會盡我所能地繼續說明：罪咎感大部分與我們做的事情有關，而羞恥感則大多與我們這個人有關。

（順帶一提，後來維瑟爾真的寫下兒時在大屠殺中的經歷；他住在南美洲時，以意第緒語寫下這件事。莫里亞克取得意第緒語的手稿，親自進行翻譯，並且安排以法語出版。英文版的書名是《夜晚》（Night），此書無疑是所有關於大屠殺的書籍中最引人入勝的作品。）

◆

2
感到困窘與感到羞恥

當別人發現我們正在做一些讓自己顯得拙劣、愚昧或不得體的事情時，我們會感到困窘。或許差異在這裡：我們因為自己看起來很糟而感到困窘，而我們因為認為自己確實很糟而感到羞恥。當我們感到困窘時，會覺得自己在社交人際上顯得愚蠢；當我們感到羞恥時，我們覺得自己在道德上卑劣可恥。

幾年前，我和朵莉絲前往洛杉磯音樂中心一處名為馬可泰帕劇場（Mark Taper Forum）的舒適圓形劇場，觀賞莎士比亞名作《凱撒大帝》（Julius Caesar）的現代詮釋演出。我們觀賞的是午場，下午兩點半開演。剛好就在那個下午的兩點半，NBA 冠軍準決賽還剩下最後兩分鐘的比賽。我支持的隊伍是洛杉磯湖人隊（Los Angeles Lakers），對抗波特蘭拓荒者隊（Portland Trail Blazers）。戲劇開演時，兩隊同分，打成平手。

我預料到會有這種可能性，因此偷偷帶著隨身聽進劇場，戴上耳機，聆聽湖人隊主播奇克·赫恩（Chick Hearn）斷斷續續的報導，同時看著《凱撒大帝》悲劇的第一幕展開。

我的妻子瞄了我一眼，我以為她要我告訴她籃球比賽的分數。我打算附在她耳邊輕聲告訴她，但是籃球賽的觀眾在我的耳機裡吶

喊尖叫，我不得不提高音量，好壓過那些喧鬧聲，我大叫：「還有
十八秒；湖人隊落後一分！」

我前面十五排觀眾吃驚地一同轉頭，大為震驚，而舞台上的馬
可·安東尼因此錯過一句對白。

中場休息時，我得去上廁所，我決定到大廳去。一位身材只有
我一半大、年齡比我大的女士在外面等著我；她擋住我的去路，不
滿地指責我，說我應該為自己的行為感到羞恥。我告訴她我很抱歉，
剛才的事情是個意外。辯解無效；她希望我那可恥的行為只是一時
的失誤，而不是生活的方式，還認為我應該感到羞恥，並且站起來
向演員道歉。站在大廳裡聽她說話的人都看著我，他們都站在她那
一邊。

整整三天，我覺得自己像個有致命缺陷的人，羞恥地站在那群
有教養的審判台前。但那是羞恥感嗎？還是嚴重的懊惱？有一陣子，
我因為身為一個低劣的人類而感到羞恥，但是恢復理智後，我因為
在劇場裡的愚蠢行為而感到困窘。

3
感到氣餒與感到羞恥

有一次，經過一整天勞累地站在搭建的鷹架[1]上、在西斯廷教堂的天花板上繪製鉅作《創世記》後，米開朗基羅寫了一首十四行詩描述他的痛苦。最後一行詩句是：

我不是畫家。

最優秀的藝術家米開朗基羅，不是畫家？聽起來感覺非常氣餒，但那不是羞恥。第二天早晨，他又站在鷹架上，手中拿著畫筆、嘴裡咬著畫筆，畫下他腦中的意象，宇宙的創造者伸出賜予生命的手臂，用生命的光點燃祂最高貴的創造。

我們偶爾會感到疲倦，負擔變得沉重，好像無法完成必須做的事，或是前往我們必須前去的地方。

加州康普頓（Compton）的馬克西・狄恩・法勒（Maxey Dean Filer）確信自己生來就是要成為律師，但是加州的律師考試非常困難。他應考四十七次，全都失敗。馬克西不久前踏入六十歲大關，三十七年的失敗，讓他相當確定自己一直到死都無法成為他生來要成為的樣子。他非常氣餒，但是從來不覺得羞恥。他再次參加考試，第四十八次考試，他通過了。

---

*註1 **台灣譯法，即棚架**

　　當我覺得氣餒時，會一有陣子覺得自己做不到我必須做的事；當我覺得羞恥時，我會深深覺得自己無法成為我應該成為的那個人。

4

感到沮喪與感到羞恥

　　聖地牙哥教士隊的湯尼・關恩（Tony Gwynn）是一位拿著球棒的藝術家。在球季結束時，他的平均打擊率是 0.330，這令他感到挫敗。這個成績已足以讓他成為大聯盟最優秀的選手；但是對於像關恩這樣的完美主義者而言，0.330 的平均打擊率意味著他在每三次上場打擊的機會中無法擊出兩次安打。

　　事實上，這樣的挫敗來自於一些現實的限制：湯尼・關恩必須擊中一個小圓球——這個球由某個人從六十呎六吋遠的地方，以無法預測的軌跡投向他，有時候時速高達九十英哩。一旦球離開投手的手指，就以 0.4167 秒高速直飛向本壘。而在球到達本壘之前，關

恩絕對無法預知這顆球會採取何種瘋狂的曲線和角度。因此他受到
投手的限制。

　　另一個限制是，他必須用一根圓木棍擊中那枚小圓球。一旦他
決定揮棒，大約有五分之一秒的時間可以用他的手臂將球棒升到球
的位置上。然後，如果球棒碰觸到球，他就可以把球擊向九位很少
失手的守備員的方向。

　　簡而言之，關恩面對的限制會使任何欠缺過人天賦和專心致志
的人，完全無法打中一球。關恩的成績優於常人，但是他仍然因為
這些限制而感到挫敗，因為他希望每次揮棒都能擊中。

　　我們註定會不時感到挫敗，因為我們會想像自己能夠突破限制。
在我們的想像中，我們或許陶醉在個人沒有限制的幻象中，然而我
們早晚會達到極限，而當我們到達極限時，就會焦躁。我們都無可
避免地受到個人限制，可能會因此不開心；我們的挑戰就是要超越
極限，那是我們的榮耀，不是羞恥。

　　感覺並不精確，籠統抽象。它們模糊不清，難以捉摸，也難以
處理。即使我們不能準確無誤地描述內心感覺，通常也沒有什麼大
不了。然而，當我們尋找治療羞恥感的方法時，不應該試著去治療
不需要治療的感覺，重要的是要找出這兩者之間的差異。

◆

3.

Leading Candidates for Shame

最 容 易
感 到 羞 恥 的 人

他不是生來受辱的；
恥辱從不敢盤踞在他的額上。

莎士比亞
William Shakespeare

許多善良的人非常容易感到羞恥,尤其是不應該有的羞恥感。

他們並非比一般人差勁惡劣,只是他們比一般人更受著良心的鞭策。

要找出這些人並不困難。我會試著描述其中的一些人,你可以看看自己,是否也有些地方跟這些人相同。

1
散播罪惡感的人

罪惡感的洪流溢出行為的河岸,以羞恥感淹沒我們的存在。流動的河流所流出的乾淨水源,一旦在山谷中停滯下來,就變成惡臭的沼澤。因此當罪惡感從我們做過的一件事蔓延到我們整個人的時候,就會轉變成停滯不動的羞恥感。

羞恥方程式如下:做出一個錯誤的行為等於一個壞人。

據說在卡爾波夫(Karpov)這個城市裡,曾有一個很有天分的鋼琴演奏家,名叫李奇‧柯普蘭斯基(Lech Koplenski)。由於他在

音樂界毫無人脈，因此只能每天晚上都在一家很受歡迎的餐館彈奏鋼琴。錢思嘉‧沃倫卡（Chenska Wolenka）是一位充滿魅力的女子，她深愛李奇，無私地為他成為鋼琴演奏家的夢想而努力。有一位演奏會製作人經常光臨那家餐館，錢思嘉和他做朋友，希望他能夠注意到李奇。

這位演奏會製作人向錢思嘉提出一個建議。如果她肯和他上床，他會確保李奇有機會登上演奏會的舞台。結果她同意並履行了約定，於是李奇真的踏上了演奏家之路。

李奇開始巡迴演奏，成為矚目的演奏家，再也沒有回到那間餐館。錢思嘉抱著對自己僅剩的羞恥感，在五月的一個清晨，從公寓的窗戶一躍而下，死在卡爾波夫的一個巷子裡。在她的鏡子上貼著這句話：

我很髒。

我做了這樣的事，因此我就是這樣的人。這就是致命的方程式。

這樣的人如果說了一個謊，眨眼之間他們就成了大騙子。他們只要有一次不忠，隨即就成為姦夫淫婦。他們出席宴會，講了太多話，說了一個不合宜的故事，在回家的途中想起這件事，便覺得自己是個愚笨的傻子，陷入那令人畏縮的羞恥之中。這就像如果你在木板上釘了一根釘子，你就變成木匠一樣。

2
過度承擔

過度負責任的人覺得自己將全世界掌握在手中,而不是神在掌權。他們身邊的人發生的每一件壞事都或多或少是他們的責任。如果他們無法解決這些問題,那一定是他們能力不足、沒用蹩腳。

我不得不說說一個學生名叫海琳娜的事。不久之前,她最好的朋友在老家自殺了。我請海琳娜告訴我關於她朋友和她自己的事情。她說,她的朋友非常敏感於世界上貧窮人的痛苦。基於某種無限上綱的道德感,她覺得自己要為衣索比亞捱餓的兒童、南非受壓迫的黑人、睿國被屠殺的人民、美國所有城市中無家可歸的男男女女負責,當然還包括她自己家人的幸福。

世界在痛苦中瓦解;那份痛苦壓在她的心上。她感到羞愧,因為她能做的是如此微小,根本無法醫治世界的傷口。對她來說,這一切太沉重了,她無法再忍受內心的羞恥感。她死於「負擔太大」的慢性病。

告訴我關於她朋友的事情之後,海琳娜開始自我控訴,說如果她留在家鄉,就讀老家的學校,和她的朋友待在一起,或許她就可以拯救朋友的性命。我完全知道她的感受。有些人就像亞特拉斯一樣,將全世界駄在背上,因此註定自己終究要失敗。

　　我有一位朋友，某天晚上跑到我家後面的小山丘，朝著頭部開了一槍。他是內科醫師，天生一派改革者的風範。對我而言，他是我認識的人當中最慷慨的，但是他覺得自己要負責去修復一個無法修復的世界。

　　我回想起他有幾個月沒有和我聯絡。如果在那段時間裡，我曾經打電話給他，或許我可以說一些讓他改變主意的話。我算什麼朋友？他自殺後的一個月左右，在某個夜深人靜的時候，我的腦海裡出現一個危險的信息。那是夢嗎？我不確定。

　　「他是個比我善良得多的人；如果連他都死了，我怎麼有資格繼續活下去？」

　　我從床上坐起來。我被一種感覺抓住，覺得我欠他一條命。我試著想在那個時刻我可以打電話給誰，讓對方告訴我，我可以不必自殺。我沒有勇氣打那通電話，可幸的是一股來自神的力量，勝過羞恥的死亡勢力，讓我活了下來。

　　無法相信惟有神掌管全世界的人，很容易就會背負他們不應有的羞恥感。

3
道德潔癖者

　　有些人完全以道德的角度來看待生活，所做的每一件事都必然跟對錯有關。沒有任何一件事情可以單純地只是有趣、只是美味或只是令人興奮。我們絕不可以單單品味人生，必須時刻測量它、權衡它、評估它，看看它是否合乎道德。

　　結果就是這些人做出稍微古怪的事情，就會隱隱覺得自己不道德。當他們違背習俗時，他們的感覺就和違背良心一樣；當他們插科打諢時，他們感覺自己彷彿是個騙子。每一個小小的愚行都是道德上的嚴重缺失；每個錯誤都是缺乏道德的展現。雖然他們的理智告訴他們，有些事情只是為了好玩，但是他們的感覺並不聽信這些思維。

4
比較強迫症

　　有些人感受到不應有的羞恥，是因為他們永遠把自己和成功人士做比較。每當他們的朋友成功時，他們就覺得自己失敗。其他人的陽光使他們的生活陷入黑暗。

　　我們曾有一位鄰居，名叫艾德戴克，每當他在他那潔淨的白色房子四周閒逛時，都會在乾淨的白襯衫上套一件乾淨的白色工作服。

他開著別克轎車，在密西根州西部四處銷售「荷蘭小子」鉛白塗料。他每兩年就會用它來粉刷自己的白色房屋。

艾德的早餐是在葡萄柚的中央塞一顆草莓，再淋上蜂蜜。但是展現他高雅最顯著的地方，是他為像海鷗般成群飛過密西根州天空的紫岩燕所搭建的白色鳥屋。這個鳥屋的四面都有通往裡面住處的開口，每一面上都有八個圓孔。它座落在一根三十英呎高的柱子上。每年十月，在岩燕遷徙後，鄰里的男性朋友就會聚集起來，把鳥屋從柱子上拿下來，好讓艾德為它刷上一層新的「荷蘭小子」鉛白塗料。

艾德訓練自己的捕鳥犬——英國雪達犬，每一隻都是純種的。冬天時，在潔淨的白色地下室裡，他用透過紳士獵人型錄訂購的上好柚木，為霰彈槍製作槍托。非打獵季節時，他到射擊俱樂部射擊陶製鴿子——那其實是平底的黑碗——以保持槍法百發百中。有時候他會帶著我，用一個能把陶鴿彈到天空的裝置，將它們射到數百碼的高空，等它們飛到最高點時，艾德戴克會用他上好的槍把它們擊個粉碎。等到他擊落的次數達到極限，他就會讓我坐在他的敞篷車後座，送我回家。

對我們家來說，艾德戴克是個可怕的人物。我的母親寧可邀請羅斯福（Franklin Delano Roosevelt）到家裡來喝咖啡，也不願邀請艾德戴克。他的注重細節讓我們想起我們的亂七八糟，他的優雅令我們想起自己的平凡，他的高傲令我們感到羞恥。

　　腦海裡有艾德戴克這類人物存在的人，很容易感到羞恥。任何一個人的成功都反映出他們的失敗；任何一個人的美麗都讓他們看到自己的平庸無奇；任何一個人的才能都指出他們的愚蠢。因著這種不由自主的比較，他們痛苦不已，而這個情形使他們容易感受到不必要的羞恥。

5
渴望被肯定的人

　　有些人無法肯定自己，除非他們確知其他人肯定他們——喜歡他們，羨慕他們，在他們背後說他們好話，讓他們知道他們是被接納的。因為自我的力量低落，他們得從其他人身上汲取自尊。

　　這樣的人永遠不滿足。今天給他稱讚，明天必須對他喝彩；明天對他喝彩，後天就必須對他起立致敬。就和所有的成癮者一樣，他們必須不斷提升劑量。

　　因此這些人把生活轉變成追求某人的肯定。誰的肯定？任何人的肯定。教授的肯定，觀眾的肯定；最重要的是那兩個從一開始就不停要求他們發揮自己的能力、成為老爸老媽和上帝肯定的人。

他們的父母是上帝的代言人，而在他們個人的盼望和恐懼中，往往難以區分父母和上帝兩者的不同。如果父親或母親不能肯定他們，感覺就像上帝否定他們，因此父親或母親的否定變成一種威脅，在孩子生命中投下一道羞恥的陰影。

6
自覺永遠不配的人

我在阿姆斯特丹讀研究所時，有個二月的晚上，一陣強烈的北海暴風在滿潮時刻來襲，衝破堤防。潰堤幾分鐘後，塞蘭德省（Zeeland）的低窪農地被海水淹沒。村莊變成了海床，所有房屋都漂浮在海面上。

大自然畢竟愛護生命，因此有一些人被浪潮推到屋頂上。但等到終於有小船前來援救這些人時，他們拒絕離開，說：「不，不，這是上帝的審判；如果主認為我們不應該活下去，我們也不會干涉祂的審判。」塞蘭德省有一些非常優秀的農夫就這樣死了，只因為他們那份不應有的羞恥感。

羞恥感也會發生在比較有教養的人身上。我認識一位職業婦女，她擁有絕佳的學歷，也是位優秀出色的女性，但她卻不認為自己應該享受偶爾出現在生活中的少量奢侈品。如果度假時住在五星級飯店，她會感到非常痛苦；反倒是服務亂七八糟，食物令人厭惡，床鋪高低不平，她可能還覺得自己應該得到這樣的待遇。但是如果一切都非常好，她就無法開懷享受。

我認識另一個女人，是個很有能力的女性，是她從事行業的明日之星，卻一再地屈尊俯就一些無法自力更生、必須依賴他人而活的男人。為什麼？為什麼她非得不停地去拯救失敗者？為什麼她不能找一個好男人，愛一個與她同等的人？假如問她，她會告訴你：

我覺得自己配不上好男人。

因為覺得自己不應該享有生命中的美好禮物而無法享受這些美好事物的人，其實是認為他們不配擁有它們。「應得」和「配得」是不同的。任何健康的人都知道，生命中的許多美好事物單純就是禮物；她知道她沒有付出過什麼勞力去賺取它們，而就這個觀點來看，她不應該擁有它們，但是會滿懷感激地接受。當我們從覺得「不應該擁有」一躍而至「不配擁有」的時候，問題就來了，這會讓一個人充滿羞恥的感覺。

7

被可怕記憶譴責的人

據說在史達林時代，某個鐵幕國家有一位心理學家，可以用神秘的方法，令清白無辜的人乖乖承認任何一項史達林決定要指控他們的叛國罪。這位心理學家可以讓人承認任何事，甚至是他們做夢也不曾想過要做的事。他們的認罪讓自己成為史達林集中營的階下囚。

一位來自西方國家的訪客問那位心理學家，他是如何辦到的。

「我用的是蒙古農民的假說。」

「蒙古農民？」

「是的，我成功的秘訣是我相信每個人心中都有一個蒙古農民。」

「告訴我這是什麼意思。」

心理學家說了以下的故事：

一個衣著襤褸、焦慮不安的無名小卒，被帶進一間大辦公室，這個辦公室顯然屬於一位重要人物所有。裡面的一切東西都散發出權威的味道：深色的紅木牆壁、一張巨大的橡木桌，桌上井然有序，一隻角落還插有一面小旗子。在桌子後面一張高大的皮製椅子裡，

◆

50

筆直坐著一位灰髮男子，他穿著將軍的制服，胸前掛著數排勳章。將軍說：

「我的桌子抽屜裡有一百萬盧布。來，看一下。這些都是你的。」

「我的？」

「只有一個條件。」

「什麼條件？」

「你必須按下桌上這個紅色按鈕。」

「我按了按鈕以後會發生什麼事？」

「在蒙古會有一個老人死掉。」

「他會死？」

「他會馬上死掉，不會有痛苦。」

「為什麼？他做了什麼事？」

「那跟你沒有關係。相信我，這是為了百姓的好處。你只需要知道，當你按下那個按鈕的時候，那個農民就會死。而你得到一百萬盧布。」

◆

這個人按了按鈕，拿走錢，回家，同時帶著自己為了得到一筆錢、殺了一個沒有傷害過他的陌生人的記憶活下去。當然，如果只是幾塊錢盧布，他就不會做這種事。就算是一千盧布、一萬盧布也不會。但是一百萬？誰能拒絕？

這個人從心裡知道，金額多少已無關重要。他為了得到這筆錢，殺了一個無辜的陌生人。五年以後，他自殺了。那一百萬盧布被塞在床下的一個袋子裡；在他葬禮的那一天，國家把錢收回去。

根據這位心理學家的看法，每個人的生命中都有一位蒙古農民。每個人都曾經為了自己的利益而傷害另一個人。這位心理學家在對方的記憶中挖掘，直到找到那個「農民」。一旦被他發現，他就在被控告的人面前擺動這個「農民」，直到被控告的人因為自覺自己是如此無恥而感到羞恥，並在其中痛苦掙扎，他就會承認任何事，好為他的羞恥贖罪。

在我十六歲的時候，我住在密西根州的馬斯基根（Muskegon），在密西根戲院對面的一間豪華咖啡店裡打工，負責洗盤子和遞送飲料。密西根戲院是鎮上最好的戲院。顧客會走過來，在純大理石酒吧前的高腳凳上坐下，點一杯可口可樂。我用杯面蝕刻著可口可樂商標的玻璃瓶交給他，對方會付我五分錢。那裡也有販售糖果的攤位，較有錢的人在看完電影回家前，通常會在那裡吃熱軟糖冰淇淋和喝熱巧克力。

一天晚上，有兩個年輕黑人，一男一女，走進來，在其中一個攤位坐下來。店老闆葛斯·巴拉斯（Gus Ballas）也在場；當那兩名黑人走進來時，我看著他。他對女服務生迅速地搖了一下頭。

接著白人顧客衝進來，坐在攤位裡；女服務生走過去，奉上他們點的熱軟糖冰淇淋和熱巧克力，他們又吃又喝，同時發表自己對於剛看過的那部電影的高見。他們吃完以後，其他顧客搶佔空位，同樣的戲碼再次上演。

那對黑人坐在那裡，整整過了兩輪顧客的時間。沒有人看他們一眼，除了我以外；我用眼角偷瞄他們。他們沒有對話，甚至沒有看著對方。他們沒有向女服務生做手勢，或要求和經理談話。他們只是坐在那裡。終於，黑人男子向他的朋友做個手勢，兩個人一起走出去。

他們必須經過當時我所在的汽水攤。我想告訴他們，我很抱歉。我很想丟下我的圍裙，告訴老闆我不幹了。但是我需要那份工作，遠超過對自尊的需求。我又倒了一杯可口可樂。

我不時會想起當時的情形。重點不在於當時密西根州的馬斯基根沒有人聽說過人權，也不是我需要那份工作。我有我自己的「蒙古農民」，他令我感到羞恥。

8
生活在祖父輩陰影下的人

就讀哈特弗街基督教學校（Hartford Street Christian School）的孩子，如果他的父親是重要人士，那麼他在學校裡就是重要人物；而如果他的父親做的是「正確」的工作，他的父親就是重要人士。因此，很自然地，我的四年級老師希修斯太太，在新學年的新班級一開始，就要求每位學生告訴全班同學自己的父親從事什麼工作。

希修斯太太要瑪莎・亞德斯馬開始介紹，她坐在靠著窗戶那排座位的第一個位子。老師會從這個位子開始，依序向後，然後從下一排的最後一個人向前推進，以此類推，最後她就知道每個孩子的狀況。由於我姓氏的第一個字母是 S，因此我坐在最後一排的中間位置。

大家依序介紹，終於輪到我了。

「路易，你的父親做什麼工作？」

「沒有。」

「沒有？你父親一定有工作吧。」

「他什麼事都沒做。」

「什麼事都沒做？他被解僱了嗎？」

「沒有。」

「那麼是什麼原因？」

「他死了。」

為什麼一個小男孩會羞於說出父親已經去世的事實？

某個潮濕的日子，我走在阿姆斯特丹的街上，覺得需要使用城裡便利的人行道廁所。在市中心，急需上廁所的男士每隔幾個街區就可以找到這樣的舒適小站（女士就沒有獲得如此體貼的幫助）。廁所周圍是六呎高的圓形金屬屏幕，高度足夠將頭部隱藏起來；底端與地面距離一呎，露出男人的鞋子和褲腳，意味著裡面有人，正如我此時所得到的信息。

一個男人從廁所裡走出來，手上拿著一個水桶、一枝拖把和一瓶肥皂液——他工作的工具。他走向他的腳踏車，把每樣工具放在合適的架子上，然後踩著腳踏車走了。我想這個人可能一天花八小時的時間，清理一間又一間的廁所。一週五天，一年有五十週。整整三十年。一個人的一生可能就是如此度過：277,500 間乾淨的人行道廁所——假設他每天清理三十七間廁所的話。

當我看著那個男人有尊嚴地騎著腳踏車離去時，我想像他的小兒子，就像我那年上希修斯太太的課時是五年級的學生，班上的孩子逐一報上父親的職業，輪到他的時候：

◆

「我爸爸是廁所的清潔工。」

我希望他不會感受到我在希修斯太太點名回答時所感受到的那種羞恥。

9
覺得被夢境責備的人

有些人無法將自己從夢中分別出來。他們覺得自己在夢中做的事，就像真的發生一樣。因此，當他們夢到自己做壞事的時候，醒來就會覺得很羞恥，因為他們在夢境世界裡做了壞事。

十年前，我連續做了六個夢，在夢裡我試圖拯救一隻遇上各種麻煩的小狗。每個禮拜三晚上，我都會做一個關於那隻狗的新夢。

這些夢始於密西根湖的白沙灘，我上大學的時候會在那裡用漂浮木生火，烤維也納香腸來吃。天色漸暗，我獨自走在沙灘上。我走到一個洞口前面，是某人在沙灘上挖了一個洞，大約四呎見方，深約八呎。洞底有一層熱木炭，一隻毫無特徵的中型犬無助地躺在燃燒的煤炭上。

那隻狗略略扭動牠的身體，但是沒有吠叫，似乎也不是太痛苦。我看著牠，驚嚇得很，但是我搆不到牠。

搆不到？還是不願意？我不確定。

當我醒來時，我充滿了羞恥感。當我回想那個夢時，我覺得如果我真的想救那隻狗，我一定可以有所行動，雖然我不知道可以做什麼。我試圖說服自己，我不需要為我夢見的事情負責，但是心底有點猶疑。

在倒數的第二個夢裡，我在密西根州的大急流城（Grand Rapids），時間是寒冬的一個禮拜天早上。我騎著腳踏車，穿過三呎或四呎深的積雪，然後遇到那隻狗，牠躺在路上，血流如注，牠被車撞了。我抱起那隻狗，放在腳踏車手把上的鐵絲籃子裡，希望會找到在冬天禮拜天一大早營業的獸醫診所。我踩著腳踏車穿過厚厚的積雪，終於找到一位獸醫。他看了看狗，告訴我牠需要接受手術。我問他要多少錢。

就在我問獸醫要多少錢的時候，我帶著強烈的羞恥感醒了過來。當那隻狗的生命危在旦夕之時，我怎麼能夠這麼吝嗇、這麼惡劣，還想到錢的事情？我是否要永遠做一個可悲的守敗奴嗎？真丟臉！

關於最容易感到羞恥的人，已經談得夠多了。如果你發現自己是其中一員，那麼你可能很容易受不應該有的羞恥感所困擾。

──────── ◆ ────────

◆

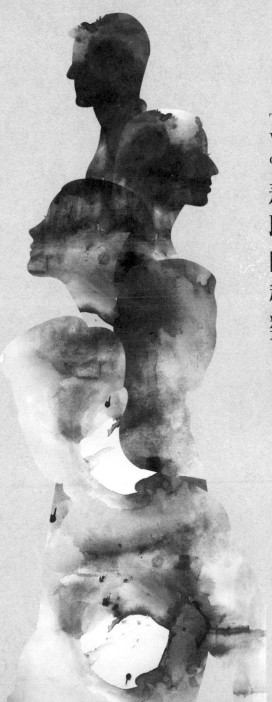

The
Varieties
of *Shame*

羞恥的種類

4.

Healthy Shame: A Voice from Our True Self

健康的羞恥感
來自真正自我的聲音

羞恥感完全地使我們與低層次的本性區別開來。

弗拉基米爾・索洛維約夫
Vladimir Soloviev

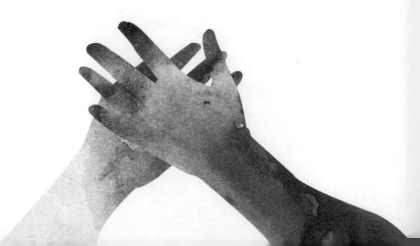

羞恥感美妙而諷刺的地方是：我們感覺自卑，卻正突顯了我們的卓越；我們覺得自己沒有價值，卻正見證了我們偉大的價值。只有非常尊貴的生物才會感受到羞恥。原因很簡單：人類是比神略略微小一點的受造物，若是不能成為應有的絕美樣式，就可能對自己感到深深的不滿足。如果我們從來不覺得羞恥，我們可能已經和真正的自己斷絕了關係。如果我們仍然能夠感受到那種痛苦，那是因為我們夠健康，對於自己沒有成為應有的樣式、不能成為我們想要的樣子而感到不自在。這是健康的羞恥感。

有些心理學家似乎假設我們對自己的所有負面感受都是不健康的，我認為他們誤解了。他們的假設是，我們覺得自己沒有價值，這是個根本問題，而非更深層問題的外顯症狀。針對這個假設，我要說：別這麼快下定論。如果我們覺得自己像個有缺陷的人，可能是因為我們真的有缺陷。我們的羞恥感或許是一個令我們感到痛苦的訊號，提醒我們沒有成為應該成為的人，因此羞恥感可能是讓我們開始得醫治的盼望。至少我們應該探討一種可能性：某些類型的羞恥感或許對我們有好處。

1
羞恥感可能是
真實自我的呼聲

威勒・蓋林（Willard Gaylin）在其著作《感覺》（Feelings）中如此寫道：「不要因為感到羞恥而羞恥，或輕視它的效果。」他補充說：「這些情緒——罪惡感和羞恥感——指引我們成為更好的自己。」知道有一個「更好的我」存在，而且我們可以恢復成為這個更好的我，這是一件好事；知道我們的羞恥感讓我們與這個更好的自己保持連結，更是一件好事。健康的羞恥感或許是我們屬天源頭和人性尊嚴的最確切記號。當我們感受到這種羞恥感時，我們感受到的是來自真實自我的輕觸。

這個所謂的真實自我在哪裡？它是否躲藏在我們裡面的某處，像一個被遺忘的幽靈，用我們過去自我的記憶纏繞我們？它是什麼樣子？當我們看到它的時候，如何知道那就是它？

我們的真實自我就像施工中建築的設計圖，或需要重建的原初設計圖。它被刻畫在我們心靈深處，就像一張自我的模版，我們應該要成為這個樣子，只是沒有成功。

基督徒在耶穌的故事中看到他們真實自我的樣式，或許我們在英雄和聖徒們的生命中也能把它辨認出來。當真實自我運作得當時，我們會在良心帶來的壓力中感受到它。我們有一種強烈的直覺，如果我們真的成為那個應該成為的樣子，我們會成為一個更好的人。

　　我們在日復一日的現實生活中所展現的自我，從來與真實自我的模版不太吻合。事實上，真實自我和現實自我之間的差距，正是引致健康羞恥感的原因。因此，在談論真實自我之前，我最好先解釋我所謂的現實自我是什麼意思。

　　我們的現實自我存在於兩個層次上。

　　上層次的自我，是我們或多或少可以掌管的自我，是存在於我們的思考和感受中的內在自我。是我們在家庭中、和朋友相處時、在鄰里中、在工作中的外顯自我，是我們扮演的所有角色中的自我。那是我們在對人的責任中創造出來的自我，是他人可以倚賴、今日和昨日一致不變的自我。

　　下層次的自我，則是我們不大能夠掌控的自我，是未經我們篩選即存在、充滿慾望的自我，是一股經常控制我們行動的衝動。它是隱藏的自我，存在於我們的陰影、我們的潛意識中，在我們靈魂的地窖中揶揄歡鬧的魔鬼和惡魔的自我，在我們的怪異夢境中對我們說話的自我。那是一個令人困惑、令人恐懼的自我，非常鬼祟，難以捉摸，叫我們無法掌握，但仍然是我們現實自我的一部分，就像月球擁有陰暗的一面一樣。

　　當我們的現實自我與我們應該成為的真實自我有所衝突時，無論在哪一個層次上，我們都會感到羞恥。那麼，所謂的真實自我是什麼意思？任何一個真實自我的形象都是由許多要素融合而成；我會舉出其中幾種要素加以說明，讀者可以自行判斷，它們是否確實有一部分符合你自己心目中最真實、最美好的自我形象——就是你希望自己呈現出來的、最美好的那個自我。

　　首先，你的真實自我是一個懂得感恩的人。當你感受到每一次呼吸、每一個心跳、每一種美好感覺、每一次另一個人對你友善的肢體接觸、每一段窩心的真摯關係，你都會感到愉悅。這些都是上帝的恩賜，你接受、欣賞並享受，接受它們讓你覺得自己極其幸運，非常幸福。

　　第二，你的真實自我是一個完全的個體。你的生命結合一致；你是一致的。你在隱秘處和在公共場合裡是同一個人；你有勇氣面對令人不快的真相，並不加以粉飾；你具備接受和講述事實的天性，即使你必須因此付出代價；而且你會努力實現承諾，即使必須面對不便和犧牲。簡而言之，你是一個裡外一致的正直人。

　　第三，你的真實自我與你身邊及你的內心所發生的事情是一致（和諧）的。你聆聽各種聲音，你觀看各種景致，你嗅聞身邊現實的氣味。你看到事物之間的關係與連結，事物之間如何有所關聯。你看到事物之間的差異；你可以分辨其差異，例如分辨何者重要，何者可以等到明天再做。你看到自己裡面有值得引以為傲的地方，也勇於承認讓你感到羞恥的事情。簡而言之，你是一個有洞察力的人。

　　第四，你的真實自我是你內在隱藏的樂團指揮者。你管理你的熱情。你不害怕發怒，但是不會失控無法駕馭脾氣。你懂得享受悠閒樂趣，但是不會因此成癮。你可以放鬆自己，但不會成為自己慾望的奴隸，或是被其他人誘惑。你是他人可以倚靠的對象，因為你主宰你的人生。

　　第五，你的真實自我是能自由的熱愛。你對愛情的渴望是你所愛之人能夠給你一切，同時你的愛情也強烈想要滿足他對你所有的要求。你的愛情強烈到即使熱情的火焰消退，仍然能夠繼續。被你愛過的人，都能夠成為更好、更自由的人。你的真實自我是個真正的戀人。

　　這是我們真實自我的五項要素，不過這只是開始。你是否在這些要素中至少看到一部分你應該成為的那個自己？想要成為、但是從未真正成為的那個自己？這不正說明你偶爾感受到的羞恥感是賜給你的恩典，因為它呼喚你回復成為那個更好的你？

　　羞恥感是從我們原始生命之火餘燼中燃起的火種。這餘燼仍然在我們生命最深處燃燒著，仍然在我們的記憶中閃耀著，仍然在我們的盼望中閃爍著，仍然在邀請我們再度與其成為一體。

　　我們的真實自我如何將它的信息傳遞給我們？有很多方式。有些人直接從良心得到信息。有些人從前人的故事中得到信息。有些人從聰明和淵博的思想家得到信息。所有人都會得到從真實自我而來的信息，因為神聖的靈用那個「受造要成為更好的自我」發出暗示，不斷來戳、推、擠、撞我們。

2
羞恥感可能
是某處出了差錯的症狀

我們被告知我們是有缺陷的人類，所以感受到因羞恥而來的痛苦。嗯，那麼如果我們確實是有缺陷的人類呢？所有人像破裂的容器、沒有校正的車輪，我們的心略略偏離了中心點。如果根本沒有人能夠成為我們應該成為的那個人呢？

要知道我們當中有一些人，一直為其他人帶來各樣的恐懼，那麼我們為何要責怪我們的羞恥感？我們為什麼不因為自己仍然能夠感受到羞恥而心懷感恩？既知自己的靈魂有乖戾的一面：那難以抗拒、以犧牲他人為代價來尋求自己利益的衝動；不顧他人痛苦、只求自己安舒；眼見他人成功而產生的小心眼和嫉妒；會因別人搶佔車道而有衝動想把對方的鼻子打扁…，如果我接受內心的羞恥感，視之為未能成為那個「受造要成為更好的自我」、「我真正想要成為的那個自我」而必須付出的代價，我豈不是更能夠接受現實嗎？這是健康的羞恥感，當我們容許自己感受到它的痛苦，讓這個痛苦帶領我們去採取一些行動的時候，我們就最接近健康的狀態。

如果我從來不覺得羞恥，那麼我若不是已經完全聖潔，就是徹底腐敗——而我的直覺告訴我，我兩者都不是。

3
羞恥感保護我們
免於虛偽

　　我們的羞恥感或許是保護我們遠離蠢事的最佳防禦。總體來說，大部分人之所以做正確的事，是因為如果他們做錯事，他們會感到羞恥。促使他們忠於自己的並非出於害怕違背十誡，或是受懲罰的威脅。他們逃避低俗、下流、虛假之事，通常是因為他們不想為自己所做的感到羞恥。

　　在阿爾貝‧加繆（Albert Camus）的小說《鼠疫》（The Plague）中，有一個主角人物，名叫塔魯（Tarrou）。他一直在受鼠疫襲擊的奧蘭（Oran）幫助里厄醫生（Dr. Rieux）照顧瀕死的人們。瘟疫的傳染性給他的教訓就是，正如他所說的：「我們每個人心中都有鼠疫；沒有人，世界上沒有任何人能夠倖免。」

　　塔魯回憶，有一天他看到一個三十來歲的年輕男子因謀殺而受審。那個年輕男子——或許有罪，但是也很可能無辜——被判有罪，並處死刑。塔魯永遠忘不了當他聽到一個人被判死刑時，內心所感受到的羞恥。

◆

多年以來，我一直感到羞愧，非常羞愧，因為我曾經是一名殺人兇手，即使是出於善意，即使是間接的……是的，從那時候開始，我就一直感到羞恥。這就是為什麼我下定決心：只要是會令人喪命的人事物，或為會導致他人於死地的事做辯護，無論直接或間接，無論是出於善良或惡毒的原因，我都絕對不和他們有任何瓜葛。

塔魯的羞恥感促使他選擇有風險的生活方式，卻讓其他人有更大的機會可以存活。這不是促使人選擇高尚生活的最佳原因，但對大部分人而言卻是很真實而有效用的理由。

4

羞恥是認識自己的機會

羞恥沒有智力；不會和我們理論。它只是一種感覺。然而，每當感到羞恥，我們就會站在十字路口。我們要面對選擇：解脫，還是追尋導致痛苦的原因？

追問為何我們會感受到羞恥的刺痛，是自我認識的一個步驟。當我們探索自己的羞恥感時，可能會發現許多關於自己、值得知道的事情。我們對於自己的發現，可能會深深地感到失望，也可能讓我們為過去不敢引以為傲的良好品格心存感激。但是無論我們在自己裡面發現的是什麼，羞恥可能正是我們需要的那股督促並正視內心的力量。

當我們穿透我們不明白的感覺外殼時，可能也會發現別人在我們還不清楚發生什麼事情之時，就讓我們感受到極大的羞恥。我們可能會第一次感受到我們不應承受的羞恥感所帶來的巨大痛苦，像有人把我們當作可恥的孩子一樣，在我們心中灌注羞恥。或許會有一波又一波的悲傷湧進我們的良心，令我們心碎；但惟有當我們看到自己的羞恥感從何而來，我們才知道為何那感覺如此沉重，並且為何我們毋須為此感覺羞愧。

5.

Unhealthy Shame:
A Voice from Our False Self

不健康的羞恥感
來自虛假自我的聲音

我的生命一直浪費在空虛、
無益的期望，
以及不斷被拒絕的祈求上，
我但願自己的存在能夠帶來一些益處。

約翰‧昆西‧亞當斯
John Quincy Adams
荷蘭大使、英國大使、
俄國大使、國務卿、參議員及美國總統

　　羞恥感有時就像一個醉酒的訊號員發出警告，說一列火車即將駛至，事實卻沒有那回事。這種羞恥的痛苦並非顯示我們有什麼問題需要矯正，而是一種錯誤的羞恥感，因為毫無根據。這是一種不健康的羞恥感，因為它榨乾我們的創造力，抹殺我們的喜樂。那是我們不應有的羞恥，因為我們並不像感覺告訴我們的那麼樣壞。不應有的羞恥感是已變質的美好禮物。

　　我們如何稱呼它，並沒有太大的差別——錯誤的羞恥感、不健康的羞恥感，或不應該有的羞恥感，都是同一種感覺。我們賦予它的形容詞只是反應出它不同的性質傾向。無論我們如何稱呼它，它都是一種我們不應該感受到的羞恥。

　　如何判斷我們感受到的是健康還是不健康的羞恥感？感覺本身不會回答我們。某種程度上，這種感覺就像一種身心障礙；一個眼睛沒有問題的盲人，跟視覺神經死亡的人一樣看不到東西。同樣地，一個覺得羞恥、但事實並沒有做出什麼羞恥之事的人的實際感受，或許和一個應當感到有很多羞恥之事的人的感覺一樣——就像我的母親和理查‧馬隆。

此外，大部分人會在不同的時間裡，分別感受到健康的羞恥感和不健康的羞恥感，有時候甚至會同時感受到。幾層不健康的羞恥感可能會蓋過了更深層的健康羞恥感。事實上，許多人必須確實地醫治好內心不健康的羞恥感，這樣才能認清並對付在其底下的健康羞恥感。

所有不健康的羞恥感都根植於某種形式的欺騙。當那些壞人覺得自己像個有品格的正直人時，就是在欺騙自己。當好人覺得自己沒有那麼好，而其實他並不是那樣差的時候，也是在欺騙自己。無論是哪一種情形，我們的感覺都與事實不符。然而身處自我欺騙中，我們很難發現自己的錯誤。沒有人會故意對自己說謊；我認識的人當中，沒有人會在早卜起床後對自己說：「我覺得今天我會對自己撒一個天大謊話。」在欺騙自己的那一刻，任何人都會發誓那是事實。

在過去，我比較擔心看不見自己缺點、自以為是的人。如今我擔心的是看不見自己的優點、感到羞恥的人。

一個不應該有羞恥感的基本事實：它來自我們的虛假自我傳遞出來的錯誤信息。

容我解釋這所謂的虛假自我。我們的虛假自我是我們認為自己應該成為的形象，這個形象由錯誤的理想構建而成，而這錯誤的理想是由其他人強加在我們身上的。它們不是來自我們的真實自我—那個應該成為的我，而是一些試圖照著他們的形象來塑造我們，將

錯誤的理想形象灌輸到我們心中。是哪些來源？最常見的虛假自我的來源有以下三個：

- **世俗的文化**
- **冷漠無情的宗教信仰**
- **嚴厲苛刻的父母**

這三種力量彼此爭競，說服我們相信如果我們要成為一個被接納的人，就必須符合它們的理想。三種力量都試圖用他們的錯誤形象來告訴我們應該成為哪種人，以取代真實自我的理想。如果我們接受他們提供的形象，相信我們應該成為他們眼中的那個我，那麼一旦我們不能符合那些形象，就會覺得羞恥。

世俗文化告訴我們，如果一個人要被接納，他必須擁有好看的外表、自我感覺良好，還要是成功人士。我們被認為應該成為的那個我要有修長的身材，穿著有設計感的服裝，擁有一張美麗無比的臉容，並且對自己的感覺要非常良好，覺得自己充滿魅力，朝氣勃勃，值得仰慕，而且完全感到滿足。最重要的是，要日進斗金，對重要人士有足夠的影響力。如果我們太胖、太瘦、太窮、權力太少，我們的文化認為我們應要覺得羞恥。

冷漠無情的宗教則告訴我們，若要被接納，我們必須遵守一切習俗，規避傳統禁忌。當我們做了被禁止的事，或沒有做被要求的事，就讓我們感到羞恥。被宗教塑造的自我，很容易變成一個偽善和徒具外表的自我；我們覺得必須在外表遵守宗教的一切規範，好彌補我們內在所缺乏的。冷漠的宗教會製造出一種幻象：只要我們循規蹈矩，就會被接納；如果我們做不到，就會被拒絕、被厭惡。

嚴厲苛刻的父母在我們身上強加更加複雜的理想。從正面來看，他們告訴我們若要被接納，我們必須達成他們所有期望，以贏得他們的肯定。從負面來看，他們說服我們去相信，我們永遠不可能獲得他們的肯定，因此永遠不可能被接納。他們把我們放在雙重的捆綁中：我們知道若是要贏得他們的愛，我們必須非常優秀，但是我們也知道自己不可能那麼優秀。

讓情況變得更糟的是，父母的要求往往不明確。我們必須是優秀的萬事通。嚴厲苛刻的父母不會只告訴我們必須做好數學作業，或好好對待小狗，或把臉洗乾淨；他們告訴我們，我們必須成為一個優秀人士，但優秀的定義不明。他們不僅僅批評我們沒有做好作業或把房間搞得一團糟，還會讓我們知道我們是廢物，而且正好與他們希望我們的樣子相反，是個失敗者，或許最好根本不要出世。嚴厲苛刻的父母向我們發出一個訊號：我們不知為何就是惹人討厭；若要被接納，我們必須成為現在這種笨蛋相反的樣子。

我們心裡知道，像我們這麼糟糕的人，絕對不可能被嚴厲苛刻的父母接受。因此，我們背負著不應有的羞恥感。

有時候嚴厲苛刻的父母會和世俗文化聯手起來。馬可·歐瓦奇（Mark Ovachi），十一歲，五呎四吋高，他覺得自己很丟臉。為什麼？他太矮。有多矮？比他的朋友矮，但是大約和諾貝爾獎得主米爾頓·傅利曼（Milton Friedman）一樣高，比米基·魯尼（Mickey Rooney）高一吋左右。但是他不知道米爾頓·傅利曼和米基·魯尼是誰。他知道的是他比其他孩子矮，他因此感到羞恥。因此除了禮拜天以外，每天晚上，他的母親都要在他的手臂上注射一種荷爾蒙，促進他的骨骼生長。這種荷爾蒙的價錢一年是一萬五千美元。他媽媽認為，

如果荷爾蒙能夠除去馬可的羞恥，這個代價就是值得的。同時，馬可覺得如果他的母親需要花費這麼大的心力，必然是因為個子矮小真的是一種羞恥，結果用於治療的藥劑反而滋生了心理的疾病。

總而言之，不健康羞恥感的基本事實是，它是一種錯誤的感覺，是由世俗文化、冷漠無情宗教和嚴厲苛刻的父母灌輸給我們的錯誤理想所造成的。如果我們讓這些錯誤的理想成為我們應該成為的形象，就是邀請它們來羞辱我們。我們感受到的羞恥是錯誤的，而更糟的是，它往往蓋過了真實自我傳遞給我們的信息。

因此，要分辨健康和不健康羞恥感兩者的差別非常重要。問題是，虛假自我發出來的羞恥信息，就和真實自我發出來的羞恥信息一模一樣。我們如何得知內心的羞恥感是不該感受到的不健康羞恥？在此我提出幾種特徵。

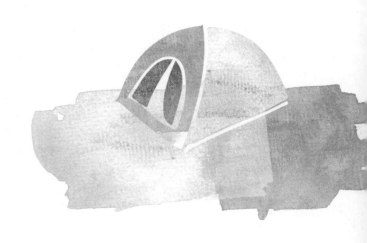

1
不健康的羞恥感
把我們的錯失誇大

在心裡滋養不健康羞恥感的人，是無法自制的誇大者。他們無法理解小小的不軌行為和重大罪行之間的差異。小小的缺陷就會讓他們覺得是個巨大的破口，微小的錯誤感覺就像道德上的不治之症。每一個小小的違規，在他們眼中都是重大案件。

舉例來說，我的妻子習慣延遲回信。我想這是因為她覺得自己所寫的每一張信箋，都應該以抒情優雅的筆觸來表達出眾的深刻思想。延遲回信或許是一個缺點，有時也會形成困擾，卻並非是一般

人心目中道德理想標準的嚴重缺點。然而她有時候覺得，一個延遲回信的人就和偷走窮人的社會保險金支票的人一樣可恥。

　　我則容易誇大自己為人父的種種微小失敗記憶。舉例來說，我記得在露營旅行的途中對孩子大發雷霆——尤其是為了尋找紮營地點而開了許多公里的車之後。這些不好的記憶，讓我覺得自己這輩子就是一個壞脾氣的傢伙，總是破壞家庭的樂趣。我的兒子只記得有趣的事，但我卻老是記著發怒的情景，那讓我為自己所做的感到羞恥，即使我知道那其實是不健康的羞恥感。

2
不健康的羞恥感
會繚繞不去

　　幾乎每個人都會偶爾走過羞恥的低谷。但是有些人一生都與羞恥為伍；羞恥成了我們永恆的家，我們被羞恥緊緊捆著。

　　我們的感覺向羞恥傾斜。任何東西都能勾起羞恥的感覺：在工作上受到溫和的批評；當其他人受到表揚，直覺感到自己被忽略了；我們對某人說出愚蠢笨話的記憶；別人指出我們錯誤的責備。任何最輕微的負面因素，都能引爆我們的羞恥感。我們隨時都會感受到羞恥，有如染上慢性疾病。

　　有些人和羞恥糾纏甚深，甚至擔心若是沒有羞恥感，就會變得寂寞。長久以來，我們接受它，它已經成為我們意識的一部分，是自我的一部分，是我們存在的一部分。如果失去羞恥感，我們就認不出自己。我們對羞恥的感覺，就像一個被關在監獄裡四十年的人對牢房的感覺一樣：渴望離開，卻又害怕離開。從感覺上來說，知道的壞事往往比我們不知道的好事來得安全。

　　我們並不是被強烈的羞恥感震撼，隨即清醒過來的浪子；我們是留在家裡，卻因長期羞辱帶來持續痛苦的順服兒子。

◆
79

3
不健康的羞恥感
是由其他人加諸於我們

　　錯誤的羞恥感來自外在；老早就有人教我們接受應該成為的錯誤形象。因為我們受到嚴厲苛刻的父母的侵犯、否定或控制，令我們感受到錯誤的羞恥感。不健康的羞恥感來自疾言厲色的教會群體。在一個若是不英俊、不聰明、沒有擁有奢侈品就令人覺得羞恥的文化中，錯誤的羞恥感被加諸於我們身上。它來自於其他人來告訴我們：我們應該成為什麼樣的人。單單這個原因，已說明那是我們不應有的羞恥感。

4
不健康的羞恥感
會遍及我們全人

　　不健康的羞恥感會沾染我們的一切。我們無法將羞恥感縮限在某個目標點，它像污水一樣潑灑、猛擊、弄髒我們的全人，在我們生命留下沒有價值的印痕。那是一種隨意散漫的羞恥感。

　　健康的羞恥感是整齊利落的。它知道它的目標，一旦找到羞恥之處，它就會瞄準這個地方，施以痛苦的一擊，但不影響其他層面

的生活。反之，不健康的羞恥感沒有目標，沒有焦點；它讓我們覺得自己像一個什麼也不是、毫不起眼、四處飄盪的失敗者。

5
不健康的羞恥感
是不屬靈的

　　屬靈的羞恥感可能就像與神親密相遇後的那份顫抖感覺，但是不健康的羞恥感是否定上帝的羞恥。不應有的羞恥感可能來自宗教，但是這種羞恥感只會攔阻上帝。冷漠無情的宗教會把羞恥纏繞到我們的靈魂上，有如一道頸圈，永遠不鬆開。我們感受到的痛苦，完全和屬靈的羞恥扯不上關係。

6
不健康的羞恥感
令有羞恥傾向的人以羞恥為傲

有羞恥傾向的人往往把他們的羞恥轉變成扭曲的優越感。他們之所以感受到這麼大的羞恥——他們告訴自己——是因為他們用神聖的標準來評斷自己。

只有非常好的人才敢追求神聖的美德；同理可證，只有非常好的人才會因為未能達到神聖的美德而覺得自己非常不好。

這種邏輯儘管扭曲，但很具說服力。有羞恥傾向的人是這樣思考的：只有具備完美本質和高貴理想的人才會像他那樣，覺得自己敗壞到極點。因此，如果你感到很快樂，那麼就算你不是個道德白痴，也必定是個道德平民，而你應該為自己感到羞恥。

麻省昆西市的亞當斯家族就精通這個遊戲。美國第二任總統約翰·亞當斯，以及他的妻子亞比該教導他們的孩子，他們領受了神聖的呼召，要成為世界上那些因低劣的道德操練而陷入困境的大眾的道德模範。亞當斯的孩子擺脫不了他們的重擔；每個孩子都被無法平息、令人羞愧的聲音纏繞：你永遠無法達到家人的理想。當中有些人因為羞恥而酗酒或自殺；另有一些人，例如約翰·昆西，則在羞恥感的驅使下功成名就。但是他們都認為，自己之所以覺得這麼羞恥，都是因為他們具備非凡的道德深度。如果這麼有深度的他們尚且感受到這麼大的羞恥，那麼世界上那些快樂的人確實非常淺

薄，應該加倍感到羞恥。

我認識一個被羞恥感所驅動的人，他試圖透過辛勤工作，讓他一輩子努力的羞恥感能夠長久、無法消除。因為無法擺脫羞恥感，他就用羞恥感來證明自己之所以感到痛苦，是因為他比其他人更有良知。他的羞恥感就是他的優越感記號，而且他要所有的朋友都知道這件事。

他和朋友玩了一個巧妙的遊戲：他告訴他們，他覺得自己多麼可恥，藉此令他們感到羞愧。他會抱怨：「我好像永遠無法完成任何事，什麼事都做不好。」意思是：「如果我這個成就比你們大得多的人都覺得羞恥，那麼你們應該感覺比我更糟。」但是當中有一位朋友不跟著玩這個遊戲。「我知道你的打算。你想讓我們覺得自己很爛，好讓你的自我感覺好一點。你利用你卑微的羞恥感來表現你有多優秀。嗯，你騙不了我。」

在這一章裡，我描述了不健康的羞恥感的一些特性。當然，事實不止這些，但是這些例子足夠讓我們明白，我們不應該默默忍受不健康的羞恥感，有絕對的權利來擺脫它。我們會在適當的時候談到如何醫治我們的羞恥感。然而，羞恥還有另外兩個面向需要我們進行思考：屬靈的羞恥感和社會性的羞恥感。

6.

Spiritual Shame:
The Price We Pay to See God?

屬靈的羞恥感
面見神的必要代價？

相對於神永恆的美麗，所有受造物的美麗只是醜陋
的最極致展現……跟神的高雅相比，一切受造物的
優美和高貴只是徹底的粗劣和粗糙……與神無盡的
美善相比，世上所有受造物的美善簡直可以稱之為
邪惡。

十字若望
John of the Cross

　　我還記得最能撫慰人心的演唱家之一瑪哈莉亞‧傑克森（Mahalia Jackson），用天地的創造者看顧每一隻麻雀這樣的好消息，安慰世上的軟弱受造物：

我唱因我有喜樂。我唱因我自由；
我救主既看顧小麻雀，深知我必蒙眷佑。

　　那一刻，瑪哈莉亞安慰了我充滿懼怕的心靈：如果上帝能夠看顧最小的鳥類，祂當然也會看顧我。然而當一位憂心忡忡的講員警告說，上帝無時無刻都在注視著我的時候，我內心感覺就改變了。「你不能躲在陰影後面。」他說，「因為祂同時存在於每塊簾幕的兩面。你不能躲在夜裡，因為祂就是光。祂看見一切，你無處可藏。」知道這件事，讓我一點也不覺得受安慰。

　　即使是我最喜愛的詩篇，也教某些人感到憂心：

> 「耶和華啊，祢已經鑑察我，認識我。
> 我坐下，我起來，祢都曉得；
> 祢從遠處知道我的意念。
> 我行路，我躺臥，祢都細察；
> 祢也深知我一切所行的。」[1]

教會所有的禱告也是向全知的上帝俯伏：「喔，主啊，萬民的心都向祢敞開，祢知道我們所有的慾望，一切的秘密都不能向祢隱藏。」沒救了。否認任何事都只會徒然。

這絕不是我喜歡經常想到的事情。當生命結束時，是否一切都必須被揭露、歸檔、陳明，好讓我們感到羞恥？對約伯來說，察看全地的眼睛誠然不是安慰：

> 「祢到何時才轉眼不看我，才任憑我咽下唾沫呢？
> 鑒察人的主啊，我若有罪，於祢何妨？」[2]

對於這位鑒察全地又全知的神，我們能夠怎麼辦？尼采的想法是擺脫祂，因此他創造出一個把上帝殺掉的人物。有人問這個人為什麼要殺死上帝，這個人說他不得不這麼做，因為上帝知道得太多了：「祂用一雙可以窺見一切的眼睛來看這世界……（我的）所有隱藏的恥辱和醜陋……祂潛進我最骯髒的角落。這個好奇心最強烈的……傢伙必須死。」

但是如果我們無法殺死祂呢？並且，假設殺不死的祂是一位時刻保持警覺的天父，祂一直看顧著我們，不是為了羞辱我們，而是為了拯救我們，並且做我們的朋友。那該怎麼辦？

窺伺是一回事，細心看顧的父母是另外一回事。你覺得上帝像是一部日夜監視著每個牢房、或當我們在百貨公司購物時掃視每一個角落的監視器？還是比較像在游泳池旁邊看著她學步孩子的母

---

* 註 2 **約伯記 7:19-20**

親，又或是欣賞著女兒在《窈窕淑女》（My Fair Lady）中擔綱演出
的父親呢？

再者，若是角色調換，會發生什麼事情？如果我們是觀看的那
一方呢？如果我們看到祂正在定睛看著我們，會怎麼樣？當我們看
見上帝時，羞恥是我們最自然和適當的感覺嗎？

當聖徒和先知領受上帝給他們的異象時，心中往往湧出羞恥的
感覺。就拿先知以賽亞為例，當他看見主的時候，他見到的是一份
令人無法忍受的聖潔。天使用發光的翅膀遮掩那不能直視的榮光，
撒拉弗在聖殿中彼此呼喊說：「聖哉！聖哉！聖哉！萬軍之耶和
華。」即使看到的已是被遮掩起來的聖潔，以賽亞仍然覺得自己像
一個滿身污穢的乞丐，站在神聖的女王面前：

> 「禍哉！我滅亡了！
> 因為我是嘴唇不潔的人⋯⋯
> 我眼見大君王——萬軍之耶和華。」[3]

嘴唇不潔的人？以賽亞的嘴唇所說的話，要比當代任何人的嘴
唇所說的話更加高尚、高雅、純淨。那麼，他的嘴唇怎麼可能如此
不潔？以賽亞並不是與像他一樣的凡人做公平的比較；他是被無可
比擬的聖潔所震懾。即使是最純潔的人，當他直視上帝的純淨時，
也會覺得自己滿身污點。

---

* 註3 **以賽亞書** 6:5

SHAME and GRACE
為何總覺得自己不配任何美好？

　　班乃迪克・格勒舍爾（Benedict Groeschel）引用《費尼倫大主教的靈性信函》（Spiritual Letters of Archbishop Fenelon）中的一段信息，說明為何在上帝聖潔的榮光中看見自己的人，會對自己如此嚴苛：「當那光越來越強，我們就會看見自己比自以為的更加糟糕。我們……從內心深處湧出極大的羞恥感……我們永遠不敢相信，我們心中竟然藏匿著這樣的事情。」但是費尼倫加上充滿盼望的一句話：「只有在醫治開始時，我們才看得到自己的疾病。」

　　親近神的聖徒確實往往對自己感到非常失望。從來不曾靠近神的人可能懷疑這些聖徒的表現有點太過頭，或許是在譁眾取寵。說不定當奧古斯丁寫下「主啊，祢把我擺在我自己面前，使我看到自己是多麼醜陋，多麼猥瑣齷齪，遍體瘡痍。我看了，便厭惡自己」的句子時，他所用的華麗修辭必然多少誇大了他真實的感覺。

　　厭惡自己？這位偉大的教師是在誇大字面上的真理，用戲劇化的方式呈現他的重點嗎？或許是。但他也可能是一位有分辨力的天才，看得見拙劣的眼睛所看不見、但確實存在他裡面的敗壞，就如音樂天才能夠聽見拙劣的耳朵聽不見的聲音一樣。當一個天才在上帝的光照中觀看自己時，他所看到的情景可能會令一個聖徒羞恥到極點。

　　我也注意到，許多聖詩和祈禱文都促使親近上帝的人說出羞愧的話。

　　舉例來說，不配的感覺：「我們不配收聚祢桌下的碎屑。」

◆

　　還有空虛的感覺：「我們心中的確沒有力量。」「我雙手空空而來；我只能緊靠十架。」

　　有時候會有厭惡的感覺：「祂會為我這樣的可憐蟲獻上那神聖的頭顱嗎？」

　　我很好奇。每當我們親近上帝時，都應該預期會感受到這樣大的羞恥嗎？就像我們去看喜劇時預期會發笑一樣？我想，我們都必須自己去找出經歷神是什麼感覺。或許那種羞恥是應該有的感覺——無論如何，有時候確實是那樣，取決於上帝與我們相遇時我們是什麼樣子，也取決於我們從哪一側走近聖山。

　　靠近上帝神聖的一面，跟靠近上帝人性的一面，感覺是不同的。當我尋求祂的神性時，我內心覺得震撼，但是不覺羞恥；只有當我接觸祂人性的一面時，我才會嚐到一絲健康的羞恥感。

　　如果我排除所有的感覺，只留下與此時有關的感覺，我只有以下兩種感覺：

和上帝的神性相比之下，自覺渺小。
和上帝的人性相比之下，感覺羞愧。

　　讓我說明一下。

1
面對上帝的神性時
內心的感覺

　　當我試圖親近上帝時，祂躲避我。祂永遠是一個難以捉摸的存在；祂在這裡，但是絕對不會完全在這裡。我感覺祂在周圍，在我的四周和我的裡面；但是在我感受到祂的那一刻，祂就悄悄融入我找不到或無法理解的無限空間。如此接近，卻又如此遙遠——就像每一個明天，我伸手可及，卻無法碰觸。

　　偶爾在深夜裡，我無法入眠，心中擔憂，祈求上帝向我更加真實、更能靠近地彰顯祂自己，好讓我能夠汲取足夠的信心，至少能將我自己的孩子交託給祂，並且能夠在祂側耳垂聽之時，向祂抱怨為何容許祂的世界陷入如斯的混亂，但是祂卻向我逐漸隱沒。正當我覺得祂靠近我的時候，祂又變成徹底的陌生人。但是我到底應該期待些什麼？每一個備受信任的神秘主義者都告訴我們，一個人從內心裡學習到關於神的第一件事，就是上帝會將自己隱藏起來；記著，如果祂沒有那樣做，祂就不是神。

有時候我透過敬畏之類的感覺，感受到上帝無法言喻的偉大。有時候則透過令人煩躁的挫折感。偶爾，但並不常發生，會感受到某種恐怖感——就像站在高聳的建築物底部，抬頭仰望它的側面時所感受到的一份莫名的恐怖。我想，如果我抬頭看著一棵美洲杉的樹幹，由此看見上帝的神性，感覺也不會有太大的差異。我會覺得彷彿自己失去了根基，飄飄盪盪，沒有任何東西能夠支撐我，以致我會沉下去。而就在我感受不到祂在身邊，心生恐懼之際，這位難以捉摸的存在終究會在那裡，將我舉起。

這種感覺沒有什麼好羞恥的。當我站在大峽谷的邊緣，感到自己的渺小，或看到竄逃的羚羊而覺得自己笨拙時，我不會感到羞恥。我不會為我寫的書感到羞恥，儘管和偉大思想家的作品比較起來，它們不值一提。當我在上帝的無限面前感受到自己的渺小時，我為什麼要感到羞恥？

2
經歷上帝的人性時
內心的感覺

　　有時候，上帝的人性給我的感覺就像一位老朋友把手放在我的肩上，由衷、親切、甚至是親密，並且告訴我祂會在我身邊，我不需要擔憂。上帝的人性意味著有一位神喜歡我們，祂顧念我們，並成為我們的樣子，靠近我們，成為我們的一分子。化身為人的上帝可能隨時會拉張椅子坐在我旁邊，說我的語言，直視我的眼睛，與我同樣的高度，絕不會深不可測，不會難以捉摸，而是伸手可及，容易接近，惹人喜愛。我在耶穌身上，看見上帝的人性。

　　但是有一個弔詭地方。當我親近上帝時，我不會因為和這個偉大相比而感覺渺小，或和神聖的美麗相比而感覺醜陋。當我在上帝的人性中與祂相遇，我亦面對面的與真正的自我相遇，我對於自己

真實的面貌會感到極度不滿意，因為我距離我應該成為的樣子還有一段差距。

　　我注意到耶穌從來不在傳講真理之前先計算後果；這讓我想起我那自我保護的欺騙行為，使我感到一陣突來的痛苦。我看到祂堅持做對的事，即使這樣做會令祂被釘十字架；我對於自己在必須冒風險去做對的事情時所表現出來的懦夫行徑，感到錐心的痛苦。我認識到祂是如此清楚地知道上帝的旨意，絕不讓其他事情吸引而偏離神的旨意；而我卻如此輕易失去方向，因而感到沉重。我將祂的愛跟我的愛比較；我為自己的自我中心和自私感到羞愧。上帝的人性和史密茲（Smedes）的人性對比，令我感到羞恥。

如此看來，為了和具有人性的上帝建立關係，屬靈的羞恥是我必須付上的代價。不過想起費尼倫在發現自己的陰暗面時所寫的收尾語：「只有在醫治開始時，我們才看得到自己的疾病。」

為了強調我的論點，我要和你分享一位我所認識最善良的人。他的名字是李・崔維斯（Lee Travis），他原來在我工作的學校擔任校長。如果你以聖經中理想的典範人物為本——良善加上敬度——再參照希臘人理想中的卓越人士——健康的身體裡有健康的思想——再把兩者徹底結合，那就是李・崔維斯。最高素質的人性典範。

當我接近李時，我往往對自己感到極度不滿意。然而，在他面前待上幾分鐘以後，那羞恥感就不翼而飛。和他相處，讓我覺得自己變得更好，更有價值。在某個平凡的日子，我和李在校園裡不期而遇，就像過去無數個平凡的日子一樣，他攔住我，給了我這樣一個啟示：「路易，」他說：「我一生中有三個深愛的人：其中一個是尼爾・華倫（Neil Warren），另一個是路易斯・伊凡（Louis Evans），還有一個就是你。」對我來說，那是神聖的一刻，是神聖、醫治的時刻，我的羞恥感被恩典所勝。

李的恩慈，讓我碰觸到我裡面的美好；若是沒有他的恩慈，我絕對感受不到。神的恩典也是如此。一開始我會感到羞恥——當我更明白我應該成為的那個我時，會對於自己當前的景況感到非常不滿意。可是當神告訴我祂愛我的那一刻，祂的恩典便醫治了我的羞恥，我感覺自己比以前更有價值。

　　總括而言，這是我所感受到的屬靈羞恥——難以自我接納的痛苦感覺，跟我在上帝的人性中看到的那個我相比時所感受到的。然而，這種痛苦正是醫治的開始，因為恩典勝過了比較，讓我覺得自己比未曾感到羞恥之前更有價值。

　　容我再次形容這些感覺：

　　和上帝的神性相比之下，自覺渺小、卑微、依附。
　　和上帝的人性相比之下，感覺羞愧。

　　現在我要加上第三種感覺——經歷祂的恩典以後，感到自我有價值的一份全新感覺，內心羞恥開始得著醫治的感覺。

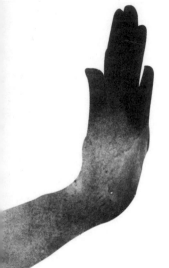

7.

Social Shame: The Pain of Rejection

社會的羞恥感
被拒絕的痛苦

祂被藐視,被人厭棄。

以賽亞
Isaiah

　　早在現代心理學家發現之前，古代哲學家就對於羞恥帶來的陰影造成許多人生命變得黑暗感到好奇。最令他們感興趣的是，當我們被自己人鄙視時所感受到的羞恥。就以亞里斯多德為例，那是弗洛伊德出生前的二十二個世紀，他就觀察到羞恥就是當「喜愛我們的人以我們為恥」時的感受。

　　喜愛我們的人以我們為恥，意味著我們的同夥心中對我們不再有憐憫。引以為恥意思是，我們最需要被其接納的那些人在權衡之後，認為難以接納我們。簡而言之，就是我們被自己人藐視和厭棄，這不就是我們最害怕的羞恥嗎？這不就是我們對此懼怕更甚於死亡的最大羞恥嗎？在本書中，我稱其為社會的羞恥感。有三個根本途徑會令我們體驗到社會的羞恥感。

- ◆ **如果另一個人貶低我們，彷彿我們只是一件供人使用的物品，而不是活生生值得被愛的人，我們就會感到羞恥。**

- ◆ **如果我們被自己的群體厭棄和拒絕，我們就會感到羞恥。**

- ◆ **當我們的群體被另一個群體厭棄和拒絕時，我們會感到羞恥。**

　　現在就讓我們來探討這三種經驗。

1

當他人視我們如物品而非人時，
我們就會感到羞恥。

當一個人用購物者檢視衣櫃的態度上下打量我們，然後嘲笑我們，對方會令我們感到羞恥，因為他讓我們覺得自己像是物件。正是這種經驗令存在主義哲學家沙特（Jean Paul Sartre）深感興趣，他說人被視為物件是羞恥的根本要素，是導致人性被剝奪的根源，令人有「從頭到腳不寒而慄」的感覺。

我認識一位相當優秀的學者，終生被一種「西拉諾恐懼症」（Cyrano complesx）所苦。他從內心深處知道，任何人看著他的時候，看到的不是一個人，而是一個巨大、醜陋的鼻子。當我還是一個皮包骨、六呎三吋高的十六歲孩子時，我可以確信任何人看到我的時候，都是看到一具身體兩側髖骨有如一對拔出的劍那樣突出。

或許沒有人像杜斯妥也夫斯基（Dostoyevski）在描寫筆下人物德米特里‧卡拉馬助夫（Dmitri Karamazov）接受審判時，將這種感覺表達得那麼清楚：他坐在被告席上，雙腿交叉，低頭看著懸在空中的左腳，掛在骨瘦如柴的小腿末端來回晃動。他的腳趾有如怪誕的瘤，像一個扁平、骨節突起、彎曲、骯髒的物體，從鞋子上的一個洞探出頭來！他確定法庭裡的每一個人都盯著他的腳趾，認為他的價值不比那個令人厭惡的瘤狀物來得高，而他極其厭惡自己。

當其他人以輕視的眼光看著你時，任何人都可能感到羞恥。當母親瞪著孩子，雖然嘴裡沒有說什麼，但她的嘴唇因為耐性被磨光

而緊繃，當她的眼神在說「我受夠你了，你這個討厭的傢伙」的時候，孩子會感受得到。當一個男人去領取他的第一張失業給付支票，坐在桌子後面的那個女人皺眉怒視著他不過十分之一秒，用冷漠的眼神說他是個無名小卒，然後將眼光回到文件上，用鉛筆指著另一個行列，喃喃地說「站在那邊」的時候，他會感受到羞恥。一個甚少上館子吃飯的人佔了一張桌子，他可以感受到另一個男子手裡拿著菜單、鄙視的眼光，他可以肯定自己在侍者的眼中只不過是個笨蛋。

我的朋友山迪是重度殘障人士，人們看著他的樣子彷彿眼中只看到他生理上跟常人的差異。他們好奇他是怎麼穿衣服、如何做愛、怎麼洗澡、怎麼吃飯；有時候會有人直接問他。他覺得很丟臉，便以羞恥還擊：「不關你的事。」

你有沒有聽說過「口水牢房」？卡繆（Albert Camus）在《墮落》（The Fall）一書中告訴我們關於這種牢房的事。口水牢房是一個四面有牆的小房間，高度足夠讓一名囚犯站在裡面，但是沒有空間讓他移動手臂。門上有一個洞，高度就在囚犯的臉的位置。洞的大小剛好足夠露出他的臉，但是房間的形狀讓他無法轉頭。每當獄警經過，他就會朝著囚犯的臉吐口水，而且他會負責任地不時經過。囚犯不能擦臉，只能閉上眼睛。對那些自負驕傲的人來說，他會寧可早點死去。

在這個故事中，我們可以看見該隱的影子！沒有法庭審判他謀殺兄弟亞伯的罪，因此神判決他忍受羞恥為刑罰。該隱必須在世上飄流，額頭上彷彿刻著紅色的 M 字。沒錯，該隱的烙印是為了保護

他，卻也同時令他羞恥；上帝保證凡是殺他的人，祂會七倍報應。但是在保護他不被殺害的同時，上帝也讓他承受比死亡更糟的羞恥。就某方面而言，他的刑罰是一生都在口水牢房中渡過。

約伯也有同樣的感受，自己被上帝拒絕、被他的自己人厭棄。上帝「使我作了民中的笑談；他們也吐唾沫在我臉上。」[1]

日本外交部長的秘書凱西經過密蘇里號戰艦的甲板，走向投降桌，群眾看著他，厭棄他，他的感覺就像關在口水牢房裡的人。「我從來不知道怒視的眼光能令人如此痛苦。我們等候……在眾人的目光中，像要懺悔的孩子……每一分鐘都彷彿數世紀之久。」

因此，羞恥的社會經驗是我們覺得被別人高高舉起，受人檢視——任何一個人——感覺自己被輕視、被拒絕，甚至被唾棄，像一件被輕視的物品，而不是一個值得被愛的人。

---

*註[1] **約伯記** 17:6

2

自己人拒絕我們時，我們會感到羞恥

當拒絕我們的人是自己人的時候，羞恥感會刺得更深；他們令我們自覺羞恥，因為他們覺得我們讓他們丟臉。只有同一個族群的成員才會感受得到這種羞恥，也只有在乎其成員的族群才能深刻地讓成員感受到羞恥。這是所有真正族群的兩難處境：族群的連結和關係越親密，所帶來的羞恥感就越加殘酷。

當我們還是孩子的時候，如果有一個人做了什麼令人討厭的事，我們就會把他圍起來，用手指指著他，唱這首小曲：

羞，羞，羞呀羞，所有人都知道你的名字。

我們把那人留在圓圈裡，但又讓他覺得自己不配留在那裡。

「所有人都知道你的名字。」如果沒有人知道你的名字，你就不會感受到那種羞恥。這就回到最根本的感受——一個人的名字就代表別人認為這個人應有的樣子。我記得在聽到大人於閒聊中提到某個人失去好名聲時，我所產生的奇思妙想。他仍然有名字，而且每個人都知道他的名字，但現在那是一個帶著羞恥的名字；在關心他的人眼中，他已經變成恥辱，被厭棄，被拒絕。

沒有人像海絲特‧白蘭（Hester Prynne）——霍桑（Nathaniel Hawthorne）作品《紅字》（The Scarlet Letter）中的悲劇聖徒——

那樣高貴地忍受雙重羞恥的痛苦。海絲特愛上善良的牧師亞瑟（Arthur Dimmesdale），她非常愛他，卻愛得不夠智慧，結果為他懷了一個孩子。她被判終其一生只要走在村裡的街道上，都要在胸前掛著一個鮮紅的字母 A。

「以極其狡獪的方式對她安排的懲罰，使她時刻不停地以種種方式感受到永無休止的痛苦……就算樹木在竊竊私語這個黑暗的故事……冬天的寒風在高聲疾呼，她的痛苦也不過如此……每當海絲特感覺有人盯著那個標記時，總會浮現這種可怕的痛苦。」

被自己人厭棄和拒絕！如果海絲特只是洛杉磯眾多陌生人當中的一名陌生人，她可以戴著她的紅色 A 字到教會去，幾乎不會引人注目。一個人必須歸屬於一個真正族群，才能感受到被族群排擠在外的羞恥。

這就是為什麼生活在關係緊密的家庭，會是最有力量的羞辱者。當一個孩子被他的社區視為可恥，或做了社區認為可恥的事，父母就會把孩子的羞恥當作是自己的羞恥。在這過程中，他們將雙倍的羞恥灌注在孩子身上。在過去，父母會把孩子藏起來；未婚女兒有了不受歡迎的孩子，就被送到城市去，和姨母同住。今天，更常見的情況是孩子自己躲起來。兒子發現自己是同性戀者，就從家裡消失，以免給家人帶來羞恥的痛苦。罹患愛滋病的人孤單地死去，被家人遺棄。被我們吹捧為家庭價值的事物有其黑暗面，那就是羞恥。

約翰福音一開始就揭露耶穌也處於同樣的羞恥之中：「祂到自己的地方來，自己的人倒不接待祂。」[2] 最後，他們木然地看著祂死去，彷彿祂是一頭被宰殺的豬。但是祂拒絕將祂的百姓給予祂的

羞恥，刻劃到祂的靈魂裡。[3] 事實上，耶穌將社會羞恥感的恐怖轉化成為一種榮耀，賜給那些因為表現良好而受到羞辱的人。「人為人子恨惡你們，拒絕你們，辱罵你們，棄掉你們的名，以為是惡，你們就有福了！」[4]

非常優秀的人可能會公開受到羞辱，但心裡並不感到羞恥。然而非常邪惡的人也會拒絕去感受加諸在他們身上的羞恥。他們用「我沒有什麼好羞恥」的謊言來欺騙自己，以達成這個目的。當希特勒的野戰司令赫爾曼‧戈林（Hermann Goering）和納粹戰犯一起並排坐，聆聽律師列舉他邪惡生涯的明確事實時，他不覺得羞恥。他曲身靠近亞伯特‧史佩爾（Albert Speer），說：「不必在意，再過幾年，他們就會建紀念碑紀念我們。」當最悲傷的先知耶利米看到可恥之人的無恥時，所想到的就是像戈林這類人：「他們行可憎的事知道慚愧嗎？不然，他們毫不慚愧，也不知羞恥。」[5]

一個人可能因為太優秀，或因為太邪惡，以至於無法感受到群體將他們引以為恥的羞恥。

對於我們這些既不太優秀也不太邪惡的人來說，我們對社會羞恥感的敏銳度，是讓我們避免成為差勁、卑劣、衝動的盾牌。使我

註2　**約翰福音** 1:11
　[3]　**希伯來書** 12:2
　[4]　**路加福音** 6:22
　[5]　**耶利米書** 6:15

們保持正直的主要原因是害怕被人厭棄和拒絕，而不是害怕上帝的審判。雖然害怕羞恥並不是壓抑貪婪、控制情緒的最主要原因，但卻是一個很有效的動力。這或可反應出傑弗遜那貌似膽怯的謹慎中所包含的智慧：「在行動的時候，要彷彿全世界都看著你。」

3
當我們的群體被另一個群體厭棄時，
我們會感到羞恥

　　在某個層次上，羞恥感是覺得被自己的群體拒絕。在另一個層次上，是當另一個群體輕視我們的群體時，我們所感受到的痛苦。當我們的家人被其他家庭嘲笑，我們的種族被別的種族嘲笑，我們的社區被別的社區嘲笑時，我們會覺得羞恥。

　　我們的族群不斷地將族群的驕傲灌注在我們心裡，使我們免於羞恥。當我們讚揚自己所屬族群有更好的處事之道、更高尚的價值觀、更英勇的歷史，以及光榮的過往時，就把族群的驕傲灌注到我們自己的血脈裡。只要我們保留自己的驕傲，例如猶太人用胸口上大大的大衛之星來挑釁德國人，我們就不會被其他族群所羞辱。但是保護我們免於羞恥的驕傲，也會誘使我們去羞辱其他族群的人。

　　當我們說服自己，認為我們的做法是唯一正確的方法，我們的宗教是唯一真正的宗教，我們是世界上最優秀的人時，麻煩就開始了。這是麻煩的開始，因為我們對所屬族群的驕傲促使我們去輕視其他族群，令其他人蒙羞，只因為他們是我們族群所輕視的族群成員。

◆

　　我們會把被我們鄙視的人，視為可鄙和可任意對待的生物。如果我的「優秀」族群認為你的「低等」族群是造成我們族群問題的原因，我們就可以消滅你，一如德國人消滅猶太人那樣。如果你的「低等」族群阻礙我的「優秀」族群實現天命，我們就可以消滅你，就像歐裔美國人消滅美洲原住民。如果你的種族孱弱，而我們需要你，我們就可以把你當做奴隸，例如美洲人對待非洲人。如果你的族群餓了，而你們的存在令我們富有族群的自私受到挑戰，我們就轉眼不看你們，彷彿你們不存在一樣。如果你的種族有可能腐化我們種族的純正性，我們就會想方設法讓你們不復存在，以保持我們種族的純淨。

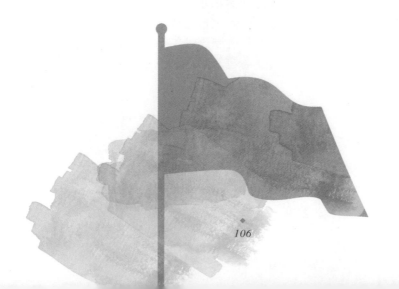

4
奴隸是
社會羞恥感的邏輯結果

就以美洲的奴隸為例。一個奴隸之所以為奴隸，只有一個原因：他屬於一個被另一個族群羞辱的族群。1850 年，紐奧爾良的報紙上有一則典型的分類廣告，就是羞恥的展現：「出售黑鬼——廿四歲黑鬼女人一名，附帶兩個小孩，一個八歲，一個三歲。黑鬼可併售或分售。」然後，在拍賣場上，這個女人和其他女奴站在一起，和男奴分開，就像小母牛和公牛分開拍賣一樣。

買家會抓住她的下巴，強迫她張開嘴，以便檢查她的牙齒。他會檢查她的二頭肌和大腿，也可能叫她脫下衣服，以便查看她的背上是否有鞭痕；如果有的話，那可不是什麼好現象，因為這表示必須鞭打她，才能讓她守規矩。然後她會被賣掉，流著淚與孩子分離。但是這有什麼關係？奴隸的哭泣聲，和豬的悲鳴或車輪的嘎吱聲沒有什麼兩樣。

當我仗恃我所屬族群的驕傲去輕視另一個人，只因為她是我的族群所輕視的族群成員時，我是在羞辱她。如果我不與你為伍，只因為你是我族群所視為的低等族群，我是在羞辱你。當我不允許你擁有和我相同的權利，只因為你屬於一個我認為會危及我族群特權

的族群，我是在羞辱你；我把你轉變成沒有身分的物件，只擁有我族群所輕視的那個族群名字。我已經邁出第一步，假以時日，就有可能把你變成奴隸。

————————◆————————

社會羞恥感，是生活在一起、卻彼此輕視的人所感受到的痛苦。當一個人輕視我們，視我們如無物時，我們會感受得到；當我們的族群拒絕並輕視我們時，我們也會感受得到；當另一個族群拒絕並輕視我們的族群時，我們同樣感受得到。在我們內裡、在心靈的隱密處感受到的所有羞恥、孤單，都根源於我們害怕被其他人羞辱。因著這個原因，醫治羞恥最簡單方法，就是知道不管什麼事，我們最想被其接納認同的那個人都會接納我們。

8.

Our Sense of Shame:
Keeper of Our Mysteries

羞恥感
秘密的守護者

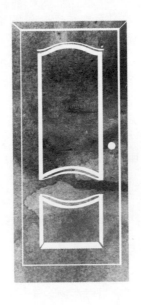

羞恥的功能是保存完全和正直。

卡爾·施奈德
Carl Schneider

　　我正在等候登機時，看著匆忙而疲倦的旅客不斷經過，他們佝僂或有時像雕刻般的身體，或垂頭慢行，或大步邁向各自的登機閘口。我想像他們都身無寸縷，然後默默地感謝體貼的創造主叫亞當和夏娃穿上衣服。我還是覺得大部分人穿上衣服比較好看，但我無意冒犯創造我們身體的上主。

　　儘管衣服對我們的外表來說很重要，但它具有更深刻的意義，是我們身分的隱喻。衣服是我們心中秘密的記號；而秘密則是真實自我的記號：

　　如果我們沒有隱私，就沒有秘密；如果我們沒有秘密，就沒有自我。

　　如果我們沒有隱私，就沒有深度：我們會流於表面，透明，膚淺，淺薄，無趣。

　　如果我們沒有隱私，我們就沒有神性：我們失去界限，在我們裡頭沒有一處對我們而言是聖地的地方。拿走我們的神性，我們就失去了核心部分。

如果我們沒有隱私，我們就失去了身分：身分泯滅於群眾中。即使我們是名人，地球上的每個人都知道我們的名字，我們仍不知道自己是誰。

人類對於隱私的需求不同於對保密的渴望。我們保密，以隱瞞事實；我們需要隱私，以隱藏自己。聖經說，人喜歡秘密，因為他們的行為是邪惡的；但是如果行為是高尚的，他們就喜愛隱私。我們守住秘密，不讓那些想知道我們做了什麼事的人窺視。我們保護隱私，不讓那些想知道我們是誰的人得知。

每個人對於隱私的感覺都不同，因為每個人對於自己的感覺，以及哪些秘密至關重要的看法都不一樣。有些人類學家認為，人類對於所謂的隱私存在一種普遍的共同看法：大部分文化把那些與生存關係最密切的身體功能視為隱私，亦即是出生、做愛，以及死亡。

但是對許多人來說，飲食也是一件隱私的事。人類學家告訴我們，有些部落的人可以赤身露體走過村落，但是各家各戶絕對不在公開場合吃飯。對我們來說，則視情況而定；我們會在球場上大口吃熱狗，但是當我們在家裡與家人共享晚餐時，卻不希望有陌生人來窺伺。

大部分人仍然覺得做愛是一件隱私的事。這件事必須保持隱私，因為那是坦然揭露自己的時刻。如果我們不揭示自己，就不是做愛，那只是性行為。擁有隱私的人才能做愛，因為惟有擁有秘密的人才有可揭露的事情。

　　浴室往往是家裡唯一門上有鎖的房間，這個鎖正是人類需要隱私的象徵。不只是為了在排洩和清理身體時不被人看見，也是為了放鬆我們的靈魂。我還記得在禮拜六的晚上，五個孩子在廚房裡吵鬧不停；經過又一個禮拜的艱難和寂寞，我的母親會靠著最後一絲堅持的力量，躲到浴室去哭泣。我們需要一個門上有鎖的房間，好讓我們帶著自己的秘密進去獨處。

　　生命起源的故事告訴我們隱私和羞恥之間的關係。亞當和夏娃赤身與神一起走在伊甸園的涼風裡，絲毫不覺羞恥。他們並不是不知羞恥；他們對於羞恥有敏銳的感覺，只不過赤身露體並沒有讓他們感到羞恥。他們不覺得羞恥，因為他們感受到完全的信任。當他們失去信任時，就感受到羞恥。因此「耶和華神為亞當和他妻子用皮子做衣服給他們穿」。

　　當他們學會彼此信任時，就能夠再次與對方裸裎以對，不再羞恥；但是也惟有在信任中，遠離沒有信任關係的陌生人陰影時，才能不感羞恥。

　　這正是所有具有羞恥感的生物一直要面對的緊張關係。我們需要在隱私與袒露自己（身體或靈魂的赤裸）之間取個平衡——要得這份因完全信任而來的安全感，得冒一點險。我們會因為公開暴露自己而感到羞恥，卻也渴望將自己袒露在信任的愛中。

　　色情從業者不知羞恥。這並不是說他們和亞當及夏娃一樣，不覺得羞恥，而是他們已經失去了感覺羞恥的能力。到了這個地步，

他們已經失去了靈魂。當你失去靈魂時，就失去了對秘密的感覺。

公開受罰比公開裸體更嚴重。奴隸家庭的父母在兒女面前受鞭打，他們承受的羞恥比鞭打本身更令他們痛苦；一個孩子在朋友面前被打耳光，對他來說是很可怕的經驗。

小時候，我常四處晃蕩、行動緩慢，當我漫無邊際的作白日夢時，我的舌頭會不自覺從嘴巴的一邊垂下來。我的母親對於我的舌頭漫不經心垂在外面的樣子感到十分惱怒，事實上會讓她抓狂。一個八月初的黃昏，接近我七歲生日的時候，我懶散地躺在門廊前的鞦韆上，聽著母親跟在我家門前駐足、排遣時間的鄰居在閒言碎語。我遲鈍的思緒完全屈服在單調的低語中。我的下巴鬆垂，舌頭溜出我的嘴，漫無目的地垂在那裡，就像癱軟皮帶的一端。我母親從眼角瞥見到我的舌頭，這對她來說委實難以忍受。她舉起手臂，用手背大力一揮，在全世界的面前使力打了我和我的舌頭。

我一動也不動。沒有吼叫，沒有抱怨。我只深深地覺得自己活該；一定是我自找的。任何一個像我一樣有個無藥可救舌頭的人，都活該要在公開場合挨揍。我吞下母親對我的羞辱，在心裡消化它，直到它完全成為我的羞恥。

死亡比懲罰更加隱私。當我們接近必死命運的終極經驗，面對死的毒鈎時，我們會有個原始需要，想要保留那個時刻的秘密、靜靜地面對死亡。我們不喜歡孤獨死去，沒有人想要絕對的隱私，但是我們也不想死在百貨公司的櫥窗裡。我們希望臨終時，有我們在生時可

以交付秘密的人伴在身旁；當我們走進那條黑暗的通道時，我們希望家人、信任的朋友、兒女、父母都陪在身邊，卻不要有其他別的人。同樣地，劃定這個界限，決定我們願意與其分享最隱私的自我的，是一份信任。

有些人基於和公開吊死扒手同樣的理由，認為我們應該播映執行死刑的經過。利用這樣的方式，我們可以讓罪犯感受到羞恥和審判。即使是現在，仍然有些死囚牢房中的兇手害怕在死時被人圍觀，害怕的程度與他們對死亡的恐懼不相上下。舉例來說，在我寫這本書的時候，莫琳‧麥德莫特（Maureen McDermott）正在聖昆丁監獄等候執行死刑。她說她害怕的不是死亡本身，而是死在十幾個瞠目結舌的見證人面前。如果我們在電視上處決莫琳‧麥德莫特，就會使這種羞恥增加數萬倍。

眼睛裸露在外，也帶有一種羞恥的味道，這也解釋了不允許陌生人直視另一人眼睛的古老禁忌。那像個不帶愛意的窺淫狂一樣直視他人的眼睛，羞辱對方的靈魂。

我的朋友拿俄米全盲將近十五年。有一天早上，我和她聊天，她剛從澳洲度假回來。這次旅程令她深深著迷，興高采烈地告訴我旅程的經過。反過來，我感到有趣的是她前往的是一個對她而言完全黑暗的地方，卻能令她如此欣喜。我們在談話的時候，有一個女人走前來，告訴拿俄米說她向神禱告，求神施行奇蹟，治好她的眼睛。拿俄米婉謝她的好意。

我問她：「為什麼拒絕？為什麼不要她為妳禱告，讓妳能看見？」

「如果我恢復視力，我一定會很懷念一些事情。」

「如果妳看得見，就會懷念的事情？」

「沒錯。首先，如果我看得見，我會覺得自己變成一個比過去更好的人。」

「就這樣？」

「不，不止這樣。」

「那妳還會懷念什麼？」

「隱私。」

「看不見可以給妳隱私？」

「人們不會注視我的眼睛。」

「妳不想感受人們注視妳眼睛的感覺？」

「不想。我看得見的時候，我知道人們注視我的眼睛，我覺得

他們可以直接看穿我。現在我可以和人們交談，不必再害怕他們的眼神。」

眼睛是自我的窗口。我不時會想起一個名叫克勞蒂亞的年輕女子，她將生命全部投注於芭蕾舞上。當她還在等待跳舞的機會時，曾走投無路地試過一份工作，是在百老匯外演出音樂劇中的合唱團員。劇中有一幕，行列中的舞者必須脫下衣服丟到地板上。她照著提示把衣服褪下，感受到陌生人的眼光在她的身體上逡巡，霎時間羞恥襲來，她便遮住⋯⋯自己的眼睛。

一個人不但會因為被看見而感到羞恥，也會因為看到羞於入目的事而感到羞恥。在古代人的直覺意識中，有一些令人不快且不可饒恕、根深蒂固的禁忌，就是嚴禁兒子見到父母的裸體。在此，我們可以想到含因為看見父親挪亞的裸體而被咒詛。

我看過我母親的裸體一次，那令我感到羞恥。我和照料她的護士非常艱難地把她沉重的身體移回醫院的病床上。當時她的髖骨斷裂，笨重非常，是一個超重的女人。那天下午稍早，她還有足夠的力氣時，我們把她從床上抬到輪椅上。但是隨著時間漸晚，我們談了太多過去的事，她的力氣用盡，身體一點也不能移動。

我和兩位護士費力地把我母親癱軟的龐大身軀拉出輪椅，然後把輪椅推開。由於我們沒有抓住她，她繼而往地上倒去。剛有一位服務員經過，我們大聲把他叫過來。他彎腰站在她背後，用背部支撐她的下半身，像液壓起重機一樣把她向上推到床墊的邊緣，我和

護士則試著讓她的身體躺到床上，移到舒適和安穩的位置。護士架住她的腋窩拉扯，我則在床尾的位置，雙手抱住她的大腿，將她朝著枕頭的方向移動。就在那時候，她的住院袍纏捲在身體中間，下半身裸露在外。

我所感受到的羞恥是應有的感受。

————————— ◆ —————————

總而言之，我們的羞恥感，是我們的私人秘密和個人深沉情感中最重要防禦。這更說明了為何我們要為自己保留一個沒有其他人——除了與我們相互信任、彼此連結的人之外——能夠進入的私人領域之因。當我們大部分時間穿上屬物質及屬靈的衣裝時，就是表現出對自己的尊重。耶穌告訴祂的門徒，當人向神赤露敞開時要進入內室；在這點上祂表現出非凡的敏銳度，祂知道人需要隱私，才能使我們與神的關係保持活潑。

The
Sources
of *Shame*

羞恥的源頭

9.

How Our Parents Can Shame Us

父母
如何令我們感到羞恥

如果加普有機會許一個宏大而純真的願望，
那就是讓他能夠使這個世界成為⋯⋯
對孩童而言安全的地方。

約翰·爾文
John Irving

　　有一個我認識的人與兒女斷絕親子關係。當我聽到他這樣做時，我以為他是決定死後不把任何財產（他的錢多得不得了）留給兒女。但這並不是他真正的想法。他打算把他們徹底趕離他的人生，正式向外宣佈他厭惡並拒絕他們。

　　和孩子斷絕親子關係，保證絕對可以讓孩子覺得自己不配被人擁有。若是非常正派的人與自己的兒女斷絕關係，這就越發是個大悲劇。他們未必會做得很絕情，也可能不會把這件事公開說出來。他們可能用臉部表情、嚴厲斥責的聲音，以及貌似合理的責罵，一點一滴地表達這事實，卻從來不曾說：「我和你斷絕親子關係。」然而，他們清楚地把這個信息傳達給兒女，有如在報紙上刊登這件事一樣。

　　如果要清楚說明我所謂的「和孩子斷絕親子關係」是什麼意思，我必須告訴你我所謂的「擁有我們的孩子」是什麼意思。我希望能夠有更好的說法。我擔心的是當我說「擁有」（owning）一個孩子時，聽起來可能像是在說「佔有」（possessing）。但擁有和佔有並不一樣。

SHAME and GRACE
為何總覺得自己不配任何美好？

　　如果我們佔有一件東西，我們可以隨著情緒來控制它、使用它、忽略它，以及丟棄它。這就是為什麼只有沒有生命的物品可以被佔有。但是如果我們擁有一個人，我們會給予對方無條件的愛，藉此告訴對方，他絕對不會被丟棄，絕對不會被拒絕，絕對不會被厭棄。

　　擁有和佔有之間的差異可以總結為：我們佔有物品，但是我們擁有人。我們隨心所欲處置佔有的東西，但是對於我們擁有的人，我們視他們為有上帝形像的個體，是不可褻瀆的。佔有是控制；擁有是委身。

　　在我看來，擁有一個孩子至少意味著以下三件事：

　◆ **承擔責任：**我回應我的孩子對於被擁有的深層需要，給他們「我們永遠彼此相屬」的承諾。

　◆ **引以為傲：**我急欲讓世界知道，這個孩子和我屬於彼此的事實。

　◆ **發現喜樂：**這個令人驚奇不已的人與我同在這裡，我也與他同在這裡，我心中為此感激和得意。

　　最近我的兩個朋友給了我一個溫柔的提點，說明擁有一個孩子的意義。

　　以斯帖和馬克斯・德普理的孫女出生時是個小不點；體重只有一磅七盎司，而且就像馬克斯所形容的，她「好小，小到我的結婚戒指可以套進她的手臂，一直套到肩膀」。這個孩子的生父，在她

出生前不久遺棄了全家。醫療小組認為,她有百分之五到十的機會可以存活三天。

　　加護病房的護士給了馬克斯一些非常明確的指示。在他的傑作《爵士領導學》(Leadership Jazz)中他分享了這些指引,我則在這裡引用,作為「擁有」的重要解釋:

> 　　至少在接下來的幾個月裡,你是代理父親。我要你每天來醫院……而且你來的時候,要用你的指尖輕掃她的身體和她的手腳。在撫摸她的時候,你必須一再地告訴她,你有多麼愛她,讓她能夠把你的聲音和你的觸摸連結在一起。

　　感謝神,這個嬰孩活了下來,她的名字是柔伊(Zoe)——是希臘文「生命」的意思。我不知道新生兒感受到的感覺是怎麼一回事,但是我絕對肯定他們有感覺。柔伊感受到什麼?出於慈愛「擁有」的觸摸和聲音。我確信這些感受讓她覺得有所歸屬,被接納,並且被這些用觸摸和聲音給她承諾的慈愛人們所擁有。

　　覺得被擁有——我可以跟你分享四個關於自己的基本發現:

◆　**從一開始,我就被給予我生命的人所疼愛。**

◆　**從一開始,就有人無條件向我委身。**

◆　**我的父母認為我配得他們給予的愛。**

◆　**我有力量擁有我自己:我為我的生命負責,我為自己感到自豪,我因著能夠成為我自己而喜樂。**

◆

我認為，感覺被擁有，就是用愛來讓一個孩子免於羞恥。現在我要說明，不被擁有的感覺如何成為羞恥的溫床。

為人父母者要與孩子斷絕關係，最明顯的方法就是無法為他負上責任。

我的女兒凱茜覺得那個懷她、孕她、生下她，然後將她交給我和朵莉絲領養的母親與她斷絕了親子關係。凱茜理智上知道，在嬰兒時就被送交領養，跟她身為女人的價值一點關係也沒有，但讓她在「擁有自己」這件事上面對特殊挑戰的，是她的感覺而不是她的想法。她的感覺告訴她：如果我對我的母親是有價值的，她就會想辦法留下我：「如果現在她能見到我，她是否願意擁有我？我必須找出答案。」

凱茜決心要找到她的生母，但是開始的時候很沮喪。領養機構的人告訴她，她的生母從來不曾打電話、寫信或詢問她的孩子發生了什麼事。凱茜告訴我她的感覺。

「爸，」凱茜說：「她甚至從來不曾問起我。她沒有想過要拿起電話，打個電話；她不在乎我去了哪裡，不在乎我發生什麼事。」

誰知道有多少價值無限的人無法以驕傲和喜樂擁有自己，只因為某個人沒有能力為他們負上責任？

為人父母者，也可以一點一滴地斷絕與孩子的關係。

市面上有一種枕頭大小的無指手套，裡面有一根粗厚的大拇指，可以容納嬰兒的奶瓶。做母親的可以讓孩子緊靠著奶瓶，不用觸摸、不必發出表達慈愛歸屬的聲音，就可以餵飽小孩。製作這種無指手套的人，讓苦惱的母親可以稍微容易一點斷絕與孩子的關係，即使只是一小段時間。

將來孩子會付上羞恥為代價。

父母無法自豪地擁有孩子，是一種較為微妙、但卻是真實可斷絕親子關係的方法。

一個疲倦而沮喪的家長有可能無法為孩子感到驕傲——只要在一個關鍵的時刻——因為他無法為自己感到驕傲。

在我小時候，有一個禮拜天，教會的幾個弟兄姐妹在晚上崇拜結束後，到我家來拜訪。我獨自坐在漸漸變暗的廚房裡，耳朵貼著分隔廚房和客廳的門上的鑰匙孔，聽著他們親切地談論生病的會友和走入歧途的會友。

沒多久，他們的話題轉變成客氣地吹噓自己的孩子。他們的孩子都是成績中上，成長順利，準備在屬於真正美國人的世界裡取得成功。

　　我母親一定在心裡向上帝許願，希望她也能像她的朋友一樣，成為自己兒女的熱心擁護者。然而，她心中那些溫和有禮的惡魔驅使她貶低我們：我們不算聰明出色、不聽話、衣服磨損得太快，而且常讓她操心不已。我聽到她說的話後，就像個被斷絕親子關係的孩子一樣，偷偷地溜回床上。

　　這個非凡的女人珍惜我們，遠超過她自己的生命。當她的丈夫在一個禮拜一早晨倒下，享年三十一歲時，她沒有任何工作技能，在這片土地上沒有一個兄弟姐妹或親人，不會寫英文，也幾乎不會說英文，而且沒有任何社會福利。她擁有的就是五個難以駕馭的小孩，她要為陌生人擦地板，才能一天三餐餵飽他們。她才三十歲，她要放下女人心中所有高尚的渴望和天生的需要，好為我們供應一切的需要。

　　我的母親勇敢地為我們擔負責任，但是為什麼她無法在鄰居面前驕傲地擁有我們？我知道答案，而且這個答案令人難過：她不敢為我們感到驕傲，因為她不敢為自己感到驕傲。為什麼這位偉大的女性覺得自己如此不濟，毫無價值？

　　我母親的境遇足夠粉碎一個人的驕傲。她完全孤單，非常疲倦，而且非常貧窮——足以令任何人意志消沉。還有那些虔誠的鄰居，他們認為他們的天職就是要說服她，她不能勝任養育五個表現毫無可誇之處的孩子。但是有許多人，即使在更惡劣的環境中，仍然保有自己的驕傲。她的障礙來自更深處。

◆

　　幾年以後，我才從她的姐姐潔姬那裡知道詳情。當時母親還在世，她是我見到第一個母親那邊的親人，而且兩個人簡直就是一個模樣。我在荷蘭唸研究所，在阿姆斯特丹學會一點荷蘭語後，就前往她在夫里斯蘭（Friesland）的農場探望她。夫里斯蘭語和荷蘭語不一樣，但是我們相處得很好，她用在學校學過、還有印象的荷蘭語，我用從母親那裡學來的夫里斯蘭語，彼此交談。她慢慢地向我訴說她的回憶，一段回憶解開其他的回憶，有如夫里斯蘭運河的水，隨著水門打開而流洩出來。她想起一些美好的事，以及一些可怕的事。

　　我只能這麼告訴你：我的母親有一個瘋狂的繼父，在我的母親開始婷婷玉立，他一看到她就發狂。日復一日，他一再抓住她的頭髮，把她高舉起來，用拳頭打她。父親的罪變成女兒的羞恥，而女兒的羞恥使她無力為自己感到驕傲。

　　知道這個秘密之後，我再也不曾疑惑為何我的母親對自己沒有足夠的信心，無法以她的兒女為榮。反之我很驚訝：在一開始受到如此羞辱的孩子，如何能夠在後來變得如此閃亮。在驚奇之餘，我想我在恩典的風中聽到答案。

最後，想想父母只要對於兒女的存在不表露出任何喜樂，就足以與孩子斷絕關係。

席拉和蘭伯特‧尚姆有一個屬於他們自己的隱秘羞恥，而這個羞恥影響了他們所有的孩子對自己的感覺。

他們得到上帝和基要真理教會的人的喜愛。但是席拉‧尚姆一直有股不聖潔的性慾，這股性慾太過強烈，即使她已蒙拯救的靈魂也無法安撫，因此私底下她覺得很羞恥。當席拉過了她這個年紀的人適合懷孕的年齡後，她懷孕了，而且沒過多久，會友都看得出她和蘭伯特——在他們那令人厭惡的年紀——一直在做些什麼壞事。

伊莉莎白出生了，是他們羞恥的結晶品。從一開始，席拉和蘭伯特就清楚讓伊莉莎白知道，他們對於她的存在一點都不覺得高興。她早就知道自己是個不受歡迎的孩子，她的父母並不想要擁有她。她知道自己只是一個他們不得不拖著、拉著邁進老年時光的骯髒貨物，因此她決定過一個與她的身分相稱的生活─就是一個令父母感到羞恥的孩子。

十七歲時，伊莉莎白坐上一部哈雷機車的羊皮座椅，和一個二百八十磅重的飆車族揚長而去，這傢伙擅長一切讓女人覺得自己沒有價值的把戲。伊莉莎白走進屬於自己的狂野中。她和他同居了大約一年，這段粗暴的日子足夠為她不應有的羞恥感，再加添上一個被打壞的鼻子、兩次墮胎，以及戒了又犯、犯了又戒的毒癮。在此同時，她的羞恥感說服她，讓她認定自己不配得有更好的生活。

我相信，我們可以列出一條生命的定律：和一個孩子斷絕親子關係，等他長大後，他就會斷絕和自己的關係。

另一個更常見的斷絕親子關係的方法是，每當他惹麻煩被逮住時，務必讓他知道他是個煩人的傢伙，讓母親心碎的孩子；你只須說出類似下面的話：

你怎麼能夠讓你的母親，為你犧牲一切的母親，承受這麼大的痛苦？

你以為你是誰？你只不過是個哭哭啼啼的小鬼。你為什麼從來不做一些讓你爸媽高興的事？

你的豬腦袋是不是什麼都記不住？你笨死了，讓我覺得噁心。

即使歌詞只說：「住手；你害我頭都痛了。」音樂卻說：「你是不受歡迎的；我希望你不是我的孩子。」

有些父親的外表和行為像是在西奈山頒佈律法的主，這種父親最能夠讓孩子覺得自己是一件沒有價值的物品，擁有他一點也不快樂。強壯的男性偶像，就是不喜歡男性弱點的那種人，他們擁有一種讓敏感的男孩感到羞恥的天賦。美國陸軍上將麥克阿瑟將軍（General Douglas MacArthur）在日本人眼中有如神明，也是他的兒子亞瑟眼中遙不可及的崇拜對象。但是將軍喜愛陽剛的東西，例如槍枝和勳章；雖然他愛他的兒子，但是他因為亞瑟喜愛柔性的音樂和詩詞而感到羞恥。

當亞瑟崇拜的對象去世時，他與赫赫有名的父親劃清界線，背負著自己的羞恥，走進隱秘狂野中，並在巨大的邪惡城市裡跟隨著他的音樂，寂寂無聞，無人認識。

所有的父母偶爾都會想要跟兒女斷絕關係。孩子有時確實會讓人感到厭煩。他們粗魯無禮，把我們當作好像是他們的擁有物，對待我們像奴隸一樣，而我們在這世界上的唯一工作，就是讓他們安適自在。他們有強烈的嫉妒心；當我們把注意力放在另一個人身上時，他們就會尖叫，好讓我們把焦點轉回他們身上。他們把我們給予的好食物吐出來，而且如果他們想哭，你休想叫他們安靜下來。

我們無法隨時都有足夠的情緒能量來為這樣煩人的傢伙負責任，而我們的孩子也不見得都能令我們感到自豪，或讓我們覺得擁有他們是一件喜樂的事。我們會對他們大吼，我們會叫他們走開。我們都會在孩子身上犯下回想起來就感到羞恥的錯誤，並向上帝禱告但願自己不曾犯下那樣的過錯。

　　有時候我們會看到一種模式：有些父母幾乎從來不曾擔負責任，幾乎不曾為孩子感到驕傲，或幾乎不曾因為擁有孩子而感到喜樂。當他們持續處在這樣的失敗中，當他們很少付出愛的聲音和觸摸時，他們的孩子就會得到一個確切的訊號——至少在某些方面，他與父母的關係是斷絕的。當一個孩子經常地覺得自己與父母的關係斷絕，他就會責怪自己，認為一定是因為他不夠好，不夠優秀，不夠漂亮，不配被人擁有。不配被父母擁有，因此也不配被自己擁有。

　　這就是不健康的羞恥感，覺得我們不配被擁有，或不配擁有我們自己。這也就是為什麼當我們的羞恥感得到治癒時，最明確的健康跡象就是我們有能力重新擁有自己。

10.

How the Church Fed My Shame

教會如何
助長我的羞恥感

教會傳講神的恩典。
道德主義卻總是偷偷潛入教會的中心，
否定恩典……
恩典變成了有條件。
審判現身……
我每天都看到它在所有的基督教會裡大肆破壞。

保羅・杜尼耶
Paul Tournier

　　一個人可以在教會裡體會到健康的羞恥感，也可以在教會裡找到羞恥得醫治的方法。事實理應如此。教會應該是一處讓我們得著勇氣去感受健康的羞恥感，並得到醫治這份羞恥的恩典。

　　但是有時候人們帶著沉重的不健康羞恥感來到教會，並且那重擔變得越加沉重。他們裡頭不健康的羞恥感堵住了屬靈的通路，令恩典不得其門而入。當恩典終於來臨，他們聽到的恩典話語倒像是審判之言，而非奇妙恩典。禱告的甜美時光變成羞恥時刻。

　　怎麼會如此？我只能告訴你那是怎麼發生在我身上。或許我的故事可以讓你回想起自己的故事；但同樣地，你所經驗的可能跟我的有很大的差異。我不會對其他教會作出任何結論，我只會回想在自己的經驗裡所經歷的感受。

　　我記得在教會裡聽到三種聲音。在我聽到這些聲音的時候，每一種聲音都以自己的方式，將我背負的羞恥回饋給教會。

責任的聲音：
　◆ 神要求我完美，然後我才能被祂接納。

◆ **失敗的聲音：**
我有缺陷，何止是不完美，根本徹頭徹尾是一個不能被接納的人。

◆ **恩典的聲音：**
靠著神的恩典，我的失敗可以得到赦免。

先說說我如何聽到責任的聲音。我覺得我有責任要像上帝一樣完美。耶穌自己這麼說：「所以，你們要完全，像你們的天父完全一樣。」這段話給我的印象就是，我必須像耶穌一樣，不是偶一為之，而是隨時隨地。

> **學像耶穌，這是我的詩歌，**
> **無論在家裡，或在人群中，**
> **整天都像耶穌，**
> **我要學像耶穌。**

我不確定自己是否想要整天都像耶穌，我也不明白像我這樣一個微不足道的小子，要學習一位古代的猶太人拉比那樣走上成為世界救主的道路，要付出什麼代價。

我確實明白的是，如果我要變得整天都像耶穌一樣，唯一的辦法就是真正的重生。因此我重生了；那是在我大約十二或十三歲的時候。我不記得重生的經驗帶給我多少喜樂。事實上，重生倒加增了我的羞恥感。我覺得我的朋友會期待一個重生的男孩整天都會像

耶穌一樣，無論在家裡還是在人群中，但我不認為自己能夠那麼快就變得那麼好。

事情是這樣的。禮拜天下午，我跟著哥哥威斯和他的幾個朋友到鎮的另一頭去參加宣教主日學，他們以極大的熱誠向那裡男孩、女孩傳福音。我們唱了一些動聽的福音詩歌，又聽了一堂聖經課，接著他們把我們分成幾個小圈圈；我們低頭禱告，求耶穌進入我們心中。

那個夏日的禮拜天，我坐在圈圈裡，因著自己在生活中無時無刻感受到的羞恥而覺得非常悲傷，甚至崩潰哭泣起來。老師關心地用手臂擁抱我。

「你心裡有什麼感覺，路易斯？」

我知道他渴望的是什麼，於是說出我認為他想要我說的答案：「以前我一直沒有重生，我剛剛得著重生的生命。」

「讚美主。喔，是的，讚美主，路易斯。現在天使在天上為你歡呼，路易斯。」

或許天使確實在歡呼，但是當我說出那些話的時候，就開始覺得焦躁不安。我猜我的老師會和我哥哥分享這個好消息，然後他會跟全家人講出這件事。我知道他們會警覺地在一旁觀察我，只要我表現出一點點不符合重生的信徒應該有的樣子，他們立刻就會提醒我。

　　幾週之後的某一天晚上，我對於人生未來發展方向感到前所未有的痛苦，因此決定蹺家。我沿著房子後台階底下的空間儘可能跑遠，大概在那底下蹲了一個小時左右，足夠讓我弄清楚一件事──在自己的床上悲嘆，或許要比在台階下悲嘆更容易忍受一些。

　　我漫步回到房子裡，一副滿不在乎的樣子，就像是剛剛出去看完星星回來。但是我心裡知道接下來會發生什麼事，而且立刻就發生了，那是我的姐姐。她盯著面前的書，連頭都沒有抬起來，然後漫不經心地冒出一句話，好像我的墮落是人人都可以預期得到的事。

　　「這麼說來，你就是那個宣稱自己重生的小子！」

　　姐姐的話呼應著我在教會聽到的第二個信息：我應該為自己無法成為重生信徒應有的樣子而感到羞恥。

　　我為了自己重生才兩週就蹺家，心裡感到非常羞恥；然而當我窩在床上，在我腦海裡浮現那些因重生而衍生的奇思妙想，讓我感受到更加強烈的羞恥。當然，有可能是因為我根本沒有真的重生；或許我只是不想讓主日學老師失望。另一方面，或許作為一個重生的人，我並沒有邁出令人振奮激勵的第一步。無論如何，我的羞恥感更加強烈，因為除了我本來就有的失敗之外，現在我還是個偽君子。

　　我所感受到的羞恥並不是──大部分不是──非常屬靈的經驗。這種感覺主要不是來自經驗上帝的第一手體驗，而是少年心性的親身經歷。當我在教會聽到自己徹頭徹尾是個罪人時，我只感受

到過去的一切羞恥在我身體裡流竄。我覺得在天堂的紀錄簿上，我的惡作劇就跟搶劫和肆意破壞一樣嚴重。

第三個信息是好消息——耶穌為我的罪而死，我可以藉著恩典得救。聽到這個信息是我的教會經驗中，最令我困惑的一部分。我知道恩典是好消息，但是這個好消息在我的感覺裡並不好。大喜的信息讓我感覺悲傷，恩典令我感覺沉重。

另一個令恩典顯得沉重的原因是教會對於罪的偏執見解。恩典從耶穌那裡湧流出來，赦免我的罪，我因為犯了這些罪而感到罪惡感。然而，感覺到罪惡感也不是問題；問題是，令我感受更深的是一份全無價值的感覺，可是我卻無法將這種感受和自己所犯的任何實質罪行連結起來。我需要被赦免，但我更需要感受到上帝接納我、擁有我、擁抱我、肯定我，即使祂眼前的我沒有給祂太深的印象，祂也不會放棄我。

還有一個讓我對恩典感覺沉重的原因，是我要為恩典獻上感恩的必然責任。恩典如此豐富，上帝如此美善，因此我背負著理所當然的責任，必須要洋溢著對上帝和恩典的感恩之情。事實上，我生命的主要目標就是表現我對上帝有多麼的感激。

在我聽來這樣的要求非常合理。我的問題在於我的感覺：當我發現自己一直被提醒我是多麼不配得到一份禮物時，我很難因為得到這份禮物而心中充滿感恩。任何一個人，即使他因為承認自己是乞丐而得到獎賞，都會因自己被人看成沒有價值的乞丐而感到羞恥；而我覺得自己就像是最沒有價值的那個乞丐。

◆

　　當我感受到自己罪債之多，感恩的重擔對我益發沉重。我們唱的詩歌也沒能讓這擔子變得輕省：

為你，為你，我命曾捨，
你捨何事為我？

　　絕對不夠，喔主，絕對不夠。一個靈魂髒污的小男孩，怎麼可能有足夠的奉獻來支付這筆龐大的罪債？

我以前經常夢想，有一天我真的成為重生的基督徒時，我要做宣教士，我會到非洲去宣教，然後那裡的人會把我放在鍋子裡煮熟，把我當晚餐吃掉。如果我能夠設法讓自己為了基督而被吃掉，那麼我就終於有價值了；如果做不到這一點，我就會永遠因為缺少感恩之情而自覺可恥。

我們在主日學會唱一首短歌，歌詞如下：

今我有喜樂，喜樂在我心中
在我心中，永遠在我心中。

但是我沒有喜樂——不要說永遠了，連一秒鐘都沒有。我擁有的是長久的羞恥感。

我在教會感受到的羞恥是健康的羞恥感嗎？是我應有的羞恥感嗎？抑或是不健康的羞恥感——我不應該有的羞恥感？「我那生來有罪的自我，是我唯一的羞恥嗎？」不是，我也因為我的良善自我而感到羞恥。

我的健康羞恥感和不健康羞恥感結合成一股力量，令我自覺毫無價值，而恩典的好信息從來不曾穿透屬靈的泥淖，進入我的內心。

後來我明白到，拯救我這樣一個罪人的奇妙恩典同時也帶給我一個發現，就是自己配得這份拯救人的恩典。我知道像我這樣的罪人並不該得到奇妙的恩典；可是如果這恩典是我們應得的，它就不

是奇妙恩典。即使我們不應得到這份恩典，我們卻可以是配得的人。
這正是恩典揭示的信息。

　　穿過選擇性記憶的雲霧，回想自己的成長過程，作為一個曾經
因為羞恥而慌張失措的年輕人，我就是如此在教會裡滋養著我的羞
恥感。希望我的故事能夠攪動你的記憶，讓你回想一下自己的故事，
也希望你的故事會比我的故事快樂。

11.

How we Shame Ourselves

我們如何
令自己蒙羞

自我欺騙者……
既相信又不相信（自己所說的）……
否則他就不會自我欺騙了。

菲利普．里昂
Philip Leon

　　能夠接納健康的羞恥感是一種恩賜。經驗不健康的羞恥感則是一種咒詛，事實上我們不應該有這種感覺，會將它變成長期的痛苦，我們自己也要負上責任。

　　無疑有許多人被不應該有的羞恥感折磨，這個要歸咎於其他人對我們的所作所為。我們的父母可能會令我們蒙羞，我們的宗教團體可能進一步滋養了父母在我們生命中所種下的。我們也可能因著本身基因緣故，傾向容易感覺羞恥。但是我相信，每個人都要負起自己的責任去回應其他人在我們身上所作的。

　　儘管聽起來很殘酷，追根究柢我們之所以會承受不應有的羞恥感，只因為我們欺騙自己。我們用「我是個一文不值的人」這種謊言來欺騙自己。我們用似是而非的理由來支持這個謊言，說明為何我們理應覺得自己沒有價值。我們污染自己的良心，就像工廠經理將有毒的化學物質排放到河流裡，然後立刻說服自己，把化學物質排放到溪流裡是合情合理。這說明為何我們需要外在的協助——從上帝或別人——幫我們去發現自我欺騙的背後原因。

　　我們對自己說謊，傷害了自己。自我欺騙偷走了我們的喜樂，使我們的心靈沉重。然而，為什麼我們要這麼做？如果我們能夠明確知道答案，便能解讀本來不必要出現的悲劇背後隱藏的奧祕。然而，如果我們能夠辨別出自我欺騙的模式，或許至少能夠明白一部分的原因，知道為何我們如此傷害自己；如果我們的眼光能夠超越行為的表象，看見我們做這些事的真正原因，就是向醫治之路走近一步。

　　我想在此介紹一些有羞恥傾向的人用來欺騙自己接受不健康羞恥感的巧妙技倆。如果你本身有羞恥傾向，我相信你可以再加上一些屬於你自己的招數。

1

有羞恥傾向的人
無視自己的優點

即使聽到大詩班吟唱讚美他們美好特質的頌歌，也可能否認自己聽到的任何一個字。他們聽到真誠的稱讚，還沒記到心裡就低貶這些話。他們告訴自己，讚美他們的人並不是發自內心；如果這些人真的知道真相，就不會說那些好話；又或者覺得他們稱讚的那些美德無關緊要。無論他人在他們身上看到什麼優點，他們總能找到辦法去一一否定。

如果他們是非常成功的人士，而且那些成功是不容置疑的，無論是哪方面的成功，他們都會在心裡對自己的成功打個折扣。他們要貶低自己，因為他們每翻過一座山，就會發現面前還有五座山要翻越。再多的成功也不能醫治他們的羞恥感，就像喝再多的可樂也無法令飢餓的人得到飽足一樣。

如果我們問，為何有羞恥傾向的人即使獲得耀眼的成功，也很難除去羞恥的重擔？答案很簡單：他們對成功的追尋，在屬靈層面上一開始就被誤導了。他們追求成功，不是為了造福世界，而是為了證明自己是個有價值的人，那是他們根據虛假自我加諸己身的錯誤標準所界定的價值。然而，世上沒有任何成功可以完全滿足他們虛假自我的胃口；他們的追求永無止境，羞恥是他們一生的重擔。

◆

2

有羞恥傾向的人
放大自己的缺點

背負沉重羞恥的人會誇大自己的缺點，就如他們低貶自己的優點一樣。任何算不上非凡成就的成功，都是可悲的失敗。他們不相信有所謂的小過失；任何表面上的瑕疵都讓他們完全無法接受。

有宗教信仰的人似乎尤其脆弱。他們有個假設，因為他們的人性善良跟神的善良比較起來，簡直微不足道，因此他們的人性善良，只不過是略有點可取的劣行而已。

為什麼背負沉重羞恥的人會堅持放大自己的缺點？有很多原因，主要是因為他們很早就知道一件事：對他們唯一有意義的事，正是他們有缺陷的本質。他們一直只被允許知道自己的缺點，個人致命的缺點。關於他們任何良善、真實或美好的事情都不值得注意。任何污點都不會小到可以忽略，最小的軟弱都遠遠大於他們最大的優點。他們學到的教訓是：每一個不受歡迎的缺陷，都足以令他們陷入萬劫不復之地。學會這教訓的報酬，就是一生之久的羞恥重擔。

3
有羞恥傾向的人
以模糊的典範來審判自己

　　有羞恥傾向的人被嚴苛但不明確的義務纏繞，只覺得必須以某種無影無形的方式令自己變得完美，而且因為從來沒有人能夠活出那個無法描述的理想，他們已經判定自己註定要被失敗所纏繞。

　　為什麼有羞恥傾向的人會用不可能實現的理想典範來自尋苦惱？原因之一可能是他們恐懼自己會驕傲。一旦他們接受有明確的典範，他們便有可能成功，並因自己的成就而驕傲自負。然而，自負驕傲正是他們不容許自己擁有的感覺；羞恥的聲音告訴他們，他們不配感受任何的驕傲。因此，他們接受那無法定義的理想典範，確保自己絕對不可能達標。透過這種方式，他們便可以保證羞恥成為他們的感覺交響曲中的主旋律。

　　有羞恥傾向的人將別人對於他們所作所為的批評，解讀為對他們人格的評斷。當有羞恥傾向的人聽到針對他們做的一件錯事的批評，就覺得自己的人格受到懷疑。

　　我認識一個備受敬愛的牧師，他完全同意人性本惡的理論，而且為此洋洋得意，關於這一點也讓他特別自豪，因他勇於承認自己亦是人性本惡的最佳寫照。你可能覺得一個相信自己的心敗壞至極的人，會更加願意接受他人對其行為的小小批評。但是我注意到，

每當他的妻子提醒他忘記做一件小事，或沒有做對事情的時候，他就會視之為是對他個人價值的抨擊。

他的妻子可能只是說：「親愛的，今天早上你忘記把垃圾拿出去。」或者，如果他剛從超級市場回來，「噢，親愛的，你買的是人造奶油，我要的是天然奶油。」

妻子的溫和責備讓他感到受傷害，這位牧師會火力全開，全力反擊：「你為什麼老是要批評我？我犧牲自己，讓你的生活輕鬆一點，而現在，你明知道我的頭很痛，卻不懂閉嘴，還要告訴我是個多麼糟糕的丈夫。」他用一個批評來總結自己的全人，就像一道高高的海浪淹沒整片海灘一樣。

為什麼妻子小小的批評，竟會引發他如此不必要的悲痛？我的解釋是：他對妻子的迎頭痛擊，背後其實是對自己的憤怒。

事實是，這位甚受敬愛、上帝的僕人是恨惡自己的。在他自覺良好的感覺底下，在某個地方他覺得自己是個可恥、一文不值的人。雖然他知道無論自己感覺如何，綜觀一切考慮，他確實是個相當善良的人。因此，有一部分的他恨惡自己，另一部分的他，卻因為恨惡自己而恨自己。

這個男人的羞恥就像一個不斷流血的潰瘍，隨時可能發炎。他的妻子沒有令他失望；她用一個小小批評，就足以刺激起他的羞恥

感覺。他開始咆哮。然而，他並不是真的要對妻子大吼，他事實上是在對自己咆哮。羞恥感在某些受人尊敬的人身上所引爆的憤怒，就像地雷一樣，會重擊任何踩到它的人，不管你是友是敵。

4
有羞恥傾向的人
用別人的想法來解釋自己的羞恥

有羞恥傾向的人有種直覺：別人對他們的感覺，就和他們對自己一樣的負面。他們如此猜測別人對自己的感覺，進一步助長了他們的羞恥感。

我和朵莉絲到阿姆斯特丹讀研究所時，首先需要的是找一個居住的地方。我們不會說當地的語言；街上的狗知道的荷蘭語都比我們多，因此當一位名叫亨利的朋友來幫助我們的時候，我們非常感激。亨利查了大學提供的出租房間清單，然後借我一輛腳踏車，帶我在城裡四處尋找住所。他權充我的翻譯員。

第一站，我們看的是一棟三層高小公寓的後面房間。房東是位五十來歲、丈夫死於集中營的寡婦，她住在前排的房間。除了出租後面的房間外，她還允許我們和她共用她的小廚房。但是我覺得那個房間很擠，黯黑又不通風，我擔心朵莉絲會不喜歡。我告訴亨利，我覺得這個房間不合適。於是亨利告訴那位婦人，說我們不租那個房間。

那位婦人陰鬱地看著我，似乎很悲傷，甚至覺得受傷了。我看見自己，就像我想像中她眼中的我——一個醜陋的美國人，對她的民族在戰爭中承受的痛苦毫無同情之心，帶著滿滿的錢包到歐洲閒逛，期待用形同免費的價格租到一棟別墅。我知道她鄙視我。

那位婦人轉身，認真地對亨利說話。亨利翻譯說：「梅芙露說，她願意把比較大的前排房間租給你，她自己搬到後面的房間。她說美國人為荷蘭人做了很多事，至少她可以把她最好的房間租給你。」我告訴她，我不能接受她的好意，便和亨利離開了。我對自己感受到加倍的羞恥。

全是推測！無論我們對自己有什麼感受，也認為其他人對我們亦有同樣的感受。有羞恥傾向的人就是如此，而這樣做更加助長和煽動他們的羞恥感。

有羞恥傾向的人懷疑自己的羞恥，但同時表現得深信那是事實。

大部分覺得羞恥的人，對於自己的羞恥都會有部分的保留。他們的理性告訴他們，他們並不像自己感覺的那麼壞，也因為對自己的感覺比應有的感覺糟糕而生自己的氣。

有時候，有羞恥傾向的人會以取得的成功來向自己證明，他們事實比內心所感受到的羞恥感來得優秀，藉此反駁裡面那份羞恥感覺。然而，正當他們成功之際，他們的虛假自我又再度操控他們。他們覺得自己一文不值的信念再次抬頭，因此他們又跌回失敗之中。

我教過一位聰穎出色的研究生，他在第一學期的所有科目都得到優異成績。第二個學期時，他卻瀕臨失敗的邊緣。接下來的三個學期依然未見起色。然後他離開學校，到別的學校就讀，在那裡又重複同樣的循環：第一學期無比成功，之後就是不斷的失敗。

為什麼如此一個出色的年輕人，顯然有足夠的能力獲得成功，卻把自己逼向失敗？因為他陷入羞恥的陷阱中。他的父母給他的誘餌是：如果你成功，我們就會肯定你。而他們為他設置的陷阱是：你不配成功。

因此這個年輕人陷入困境，這困境迫使他進入那三個步驟的循環失敗程序。首先，他獲得成功，以贏得父母的肯定。接著，他因為獲得自己不配得的成功而感到羞恥。第三步，因為他不配得到成功，因此他覺得必須在下一次嘗試的時候失敗。他的疑惑周而復始地出現，他就會再次成功，但是也會再次出色地讓自己落入失敗之中，繼而陷入更大的羞恥中。

————————— ◆ —————————

　　總結以上，那些承受不應有羞恥感的人會有一種傾向，就是助長其他人在我們心中點燃羞恥的火焰。我們用各種自我欺騙技倆來達成這個目的。我們自欺欺人這個事實，並不會讓謊言被拆穿。同樣地，我們的自我欺騙讓我們覺得謙卑，但這謊言也永遠不會變成事實。正如魯益師（C. S. Lewis）曾說，如果一位偉大的藝術家說自己是個業餘者，他並非謙虛，而是個偽君子。

◆

12.

Escape from Shame

逃　離　羞　恥

滿佈塵灰，頭髮被撕扯，我的臉上滿是抓傷，
然而我帶著銳利的眼神，
站在所有重述我羞恥的人面前……
並且說：「我是低劣之人中最低劣的。」……
可是我有一個優勢，我知道整件事，
而這個情況給我……
上風……
我越是控訴自己，我就越有權來審判你。

卡繆
Albert Camus

約翰‧魏克斯‧布思（John Wilkes Booth）贊成奴隸制度，但是他連動動手指去嘗試抗爭都沒有，直到南方輸掉為了維護奴隸制度而發動的戰爭，而他是個徹頭徹尾的懦夫，不敢採取任何行動。他的懦弱令他為自己感到羞恥。「我鄙視自己。」他如此說，並且想方設法逃離個人的羞恥。當名為《我的美國表親》（My American Cousin）的英國戲劇在福特戲院上演時，他覺得機會來了，因為據說總統亞伯拉罕‧林肯（Abraham Lincoln）屆時會出席，他將使林肯成為羞恥的祭品。

布思的惡行引導我提出這個問題：究竟人是因為做壞事而感到羞恥，還是因感到羞恥而去做壞事？

大部分研究羞恥感的人認為，人是因為自己的羞恥感而做壞事。他們向我們闡述近代史上那些著名邪惡者的童年，如：希特勒，以及薩達姆‧侯賽因（Saddam Hussein）。幾乎每個惡魔都是親子關係被斷絕了的孩子，或是被虐待或被遺棄，或是透過某些殘酷方式讓他們覺得自己沒有價值，沒有人要。他們都做出邪惡非常的事來蓋過自己沒有價值的感覺。大部分有羞恥感受的人，會傾向用程度比較輕微的邪惡行徑來逃避羞恥感，像是染上毒癮、酒癮之類。然而，

無論是推動大屠殺或毀滅自己，他們都是藉著做出一些可恥事情來逃避羞恥感。

感到羞恥的人確實會做出壞事來逃避羞恥感，但同樣的，感到羞恥的人也會透過做好事來逃避羞恥感。

我想起一個英國籍男孩，他是個聰明的孩子，父母都是知名人士，卻把他丟在艱難的環境裡，以便將全部的精力用來追求他們個人的野心和享樂。他的父親過度沉迷於瘋狂但失敗的國會生涯，根本無力關注這個孩子。他那迷人的美國籍母親，則是將引誘富有和有權位的英國人轉變成一份有利可圖的事業。她的脖子上戴著鑽石，手指上戴著鑽戒，頭髮上戴著鑽飾，但是從來不曾注意過她的孩子有沒有鞋子可穿。

男孩的父母把他送到二流的寄宿學校，每個學期他在班上的成績都敬陪末座。他請求父母，像其他孩子的父母一樣來探望他，但是他們從來不曾現身。他的父親不時會寫一些無情的信給他，說自己有這樣一個蠢笨的兒子是多麼丟臉的事，但是他卻從來沒有前來學校探望。

聖誕季節來臨時，學生都要離校，這個孩子不得不返家。通常當他回到家裡時，唯一讓他知道父母存在的跡象，就是留在桌上給他的紙條：「我們到別洲去度假了。保姆會照顧你。」令他高興的是，他有一位關心他愛他的保姆，努力設法補償他父母無情的輕忽，但並不能完全彌補。

◆

男孩長大了，相信自己不值得被愛，而且必須透過優異的成就來贏取愛。他唯一逃避痛苦羞恥的機會就是做大事，以證明自己不但是一個有價值的人，而且是個偉大的人。得著保姆的支持，並在他馬博羅（Marlborough）歷代祖先的激勵下，他全力爭取榮譽與光榮。他的名字是溫斯頓·史賓瑟·邱吉爾（Winston Spencer Churchill）。

還有另外一個充滿羞恥感的孩子，為了逃避羞恥感而開創一番事業。這個男孩的母親會把他放逐數週，趕他離開家庭生活圈，對他冷漠以對，不和他說話，也不會碰他；然後，突然一時心血來潮，又會帶他回家。如此連續的遺棄經歷，在他心裡刻下羞恥。這個男孩徹底被說服，相信自己不值得被愛。他將自己的生活轉變成一場聖戰，向世界證明無論他的母親怎麼想，他都是一個可愛、可被接納的人，以此逃避羞恥感。他的名字是林登·貝恩斯·約翰遜（Lyndon Baines Johnson）。

你絕對無法確切知道羞恥感會將一個人推往哪個方向。約翰·奇弗（John Cheever）是我們這個時代較為優秀的作家之一，在他的日記裡寫下「可鄙的渺小，我的作品平凡，我的生活混亂」這些字句。他對自己的作品感到羞恥，但是他必須繼續寫下去，以逃避它帶給他的羞恥。一位評論家評論他的日記說：「多年來，我們看到他在羞恥和自我厭惡中寫作。」但是他堅持不懈，寫下一些能夠縈繞人心的文字，藉此來逃避他的羞恥。只有上帝知道，我們有多少文學作品是在作者對抗羞恥之時創作出來的。

如果偉大的首相和悲劇的總統，以及聰明的作家，是因為更好的原因而被感動去追求真正的偉大或幾近偉大，而不是為了逃避他

們不應該承受的羞恥感，那會更好。然而，他們應對個人羞恥感的方式至少說明了一個重點：並非所有感到羞恥的人都會變成惡魔、虐待兒童的人，或是酒鬼。

但有時的確會如此。舉例來說，比爾·特林克特（Bill Trinkut）和大多數人一樣，想要把事情做好，但卻在自己和兒子湯姆身上做了壞事。比爾受到酒鬼父親的影響，長期以來一直承受著不應有的羞恥感。就和他的父親一樣，他酗酒以麻木自己的羞恥感。然而，酗酒沒法撫平他的羞恥感，反而更為加重。他因為自己是個酗酒的父親，以及身為另一個酗酒父親的失敗兒子而感到羞恥。

他試圖用父親所用的方法來逃避羞恥。他會要求湯姆成為明星，為自己爭口氣；這樣一來，透過兒子的成功，他就可以向自己證明他是個好父親，以逃離他的羞恥感。因此他讓湯姆知道，除非湯姆表現得夠好，令他感到驕傲，否則絕對得不到他作為父親的接納。然而，比爾的羞恥感破壞了自己的計劃。促使他不斷要求湯姆成功的那份羞恥感，反而將湯姆推向相反的方向，讓湯姆相信自己不配成功，註定要像父親一樣成為一個失敗者。湯姆吸收了這個羞恥的信息，下意識地相信自己不配成功，終會是失敗一途。驅使比爾要求湯姆成功的那份羞恥感，倒過來驅使他去確保湯姆會失敗。

因此比爾感受到另一層次的羞恥——他把父親給予他的羞恥感，加諸於令自己的兒子感到羞愧的羞恥感上。他緊抓住他的羞恥感，無論如何都不願意放手，而且斷然拒絕接受醫治；畢竟羞恥給了他酗酒最好的藉口。

羞恥定律：父親的羞恥感會傳到兒女身上，直到三四代。

SHAME and GRACE
為何總覺得自己不配任何美好？

　　也容我告訴你另一個案例：一位虔誠、嚴肅認真的父親，他是個移民，面對新世界的瘋狂感到驚惶失措，也因為眼看著自己的小女兒即將成為婷婷玉立的女人而驚駭不已——對他來說變化太快了。看著她時，心中冒起的感覺令他瘋狂，他用自己的羞恥感來傷害她。

　　「你看起來像個妓女。」他冷笑地說。「或許你真的是個妓女。」

　　他對於自己心裡發生的種種感到恐懼，而這恐懼驅使他不斷地說這類的話。不久，他的女兒就覺得自己一定是父親所說的那種女孩，於是在她短暫的一生中，不斷進進出出她父親所為她設定的角色。在她四十歲的生日那天，她結束了自己的生命，為逃避她根本不應感受到的羞恥作出最後一次努力。

　　這裡有一個反論供你思想：有些感到羞恥的人會做出可恥的事來向自己證明，他們並不因為自己羞於成為的樣子而感到羞恥。他們用激烈的方式將自己的羞恥感付諸行動，期待若是他們誇示自己的羞恥，他們就能說服自己相信有這樣的羞恥感是應該的。

　　納斯塔霞・菲里波芙娜（Nastasia Philapovna）是位令人目眩的美女，清醒的人和她相處一個小時，就足以令對方為她瘋狂。她在一個平靜的俄羅斯村莊出沒，教高尚的已婚婦女爆發道德的憤怒。她挑引老年人已經休止的本能衝動。她和年輕人私奔，次日清晨便撇棄他們，在他們威脅要自殺來博取她的愛時狂笑不已。

　　只有梅什金公爵（Prince Mishkin）這個略顯蠢笨的聖人——那是她真正愛的人，看見她裡面的真相。事實是，埋藏在納斯塔霞・菲里

波芙娜那難以置信的行為之下的，是一股凶猛、自我毀滅的羞恥，令她迫切想要逃離。這位公爵是《白痴》（The Idiot）一書的主角，這本約於一百五十年前由俄羅斯先見杜斯妥也夫斯基寫成的小說，遠比任何對於羞恥感心理學有認識的人更早問世。

當納斯塔霞還是孩子的時候，她被遺棄，無家可歸，完全茫然，後來被一個有錢的顧客帶回家凌辱，然後把她留在身邊，就像他放在架子上、不時拿下來把玩的一座塑像。他在她心裡留下不斷焚燒她靈魂的羞恥。

梅什金看見她的狂野背後的羞恥：

> 「哦，不要羞辱她，別向她扔石頭！因為意識到自己不應蒙受的羞恥，她已經給自己太多的折磨了！⋯⋯她內心有一種無法抗拒的渴望，想要做可恥的事，就為了馬上對自己說：「你看，你又做了可恥的事，你是個低賤的東西。」⋯⋯你知道嗎，在她那種不斷意識到羞恥的狀態中，也許包含著某種可怕的、反常的樂趣，或許是對某人的報復？」

納斯塔霞用戲劇性的醜聞來逃離她的羞恥。像山姆那種微不足道的醜聞製造者，則是利用小罪行來展現他們的羞恥。

山姆是我教區裡一個欠缺智慧的無賴，喜歡到我的辦公室來向我講述他做的那些雞毛蒜皮的惡事。他是個令人生厭的罪犯—沒有勇氣犯大罪，也沒有想像力去做出有種的罪行。儘管他很想讓大眾

感到震驚，但至終他對犯罪生涯那微不足道的追求，也只不過能做出令人感到沒趣的小事而已。他會坐在我旁邊，那時間遠比我所願意的來得長，向我講述他那污穢的心靈，儘管我並不想多聽。為什麼山姆那麼希望我相信他是個比一般討厭鬼更卑劣的人？

不需要是分析家也可以知道原因。從一開始，山姆的父親就反覆教導他，他那充滿罪惡的靈魂壞到極處。他變成一個完全被羞恥感宰制的人，而他逃避羞恥感的方法，就是以成為上帝最厭惡的廢物而自豪。我想山姆必須有所改變，對自己的生命採取一些正面的看法，因此我提了幾點，但是他根本不願意讓我動搖他因著身為如此羞恥的人而感到的驕傲。他緊抓住自己鍾愛的羞恥感，等候另一個機會來證明他真的是個值得自豪的浪子。

把我們的羞恥付諸行動，是最不堪的逃避手段。近來大部分讓監護人覺得緊張的年輕人，正是這麼做！你認識哪一個年輕叛逆者，不是被自己的自我恨惡逼得瘋狂錯亂的？在市中心吸毒的年輕人，因為求死的渴望而聚集在一起，視死亡為證明他們受同夥歡迎的手段。住在舒適郊區的任性青少年，讓慌亂的父母陷入恐懼和羞恥的迷惘中。這些年輕人都是將羞恥感付諸行動，好向自己證明他們羞於成為的樣子，正是他們想要的樣子！

生來膽怯的人則透過相反的途徑來逃避羞恥。他們試圖透過遵守個人信仰的規範來規避羞恥。我認識一位名叫內爾瓦的女孩，她試圖透過遵守所有的傳統規條來逃避羞恥。這件事相當容易，因為她的信仰規範主要是負面的；她可以用睡覺打發日子來讓自己成為聖人。事實上，若不是因為有時候她會在夢中打破禁忌，她可能會想用睡覺來逃避內心的羞恥感。

　　跟順從者類似的是自義者，他們把自己的羞恥感貼到別人身上。驅使他們的是對住在他們心中的巨魔所產生的恐懼，他們知道巨魔就在那裡。他們害怕它們，就和害怕魔鬼一樣，因此他們把自己的巨魔投射到其他人的生活螢幕上，然後再因為這些人擁有他們內心害怕的那頭惡魔而譴責這些人。當然，他們希望自己能夠因為攻擊其他人而自我感覺好一點。然而他們沒有感覺好一點，只會更加恨惡自己。

　　令人絕望的是，被羞恥感所驅使的知名人士，有時候會用幾乎必然會被揭發的方式來將羞恥化為行動，然後再公開為自己的罪過流淚，搖身變成懺悔的名人──目的是希望他們公開流下的眼淚，能夠洗刷掉他們的羞恥。

　　有時候一個人會因著非常羞恥，以致於變成另一個人以逃避羞恥。我不敢說自己了解認識多重人格是怎麼形成的，但我確定多重人格存在。那可能在一個生命變得極其羞恥、不能接受那是自己的人生而出現的；也可能在因著別人對他們作出邪惡行為、受羞恥感所折磨的人身上出現（最常見的情況是父母對其性侵害）。無論是哪一種情形，他們唯一逃離羞恥的辦法，就是成為一個無視其可恥、自我存在的人。

　　舉止得體的自我，過著日常生活，像個舉止得體的公民，舉止得體的母親，往往還是個舉止得體的基督徒，完全忘卻另外一個自我──那個陌生的自我──正在或已經對身體造成的影響。事實上，想要忘卻的那個可恥自我確實存在。

　　然後，和現實的偶遇可能會觸動兩個自我之間一連串可怕的神秘連結。或許經過多年的治療，舉止得體的自我會意識到，自己和可恥的陌生人其實是一體的。在那時候，或許就有機會漸漸得醫治。

　　或許，人們逃避羞恥感最簡單的方法就是否認它存在。也就是說，只要是讓自己感到羞恥的事，他們一概否認。當一個家庭共謀保守一個可怕秘密，正正是這種情況。

　　舉例來說，一個母親知道她的丈夫性侵女兒，但是她選擇不知道。他做的事情如此可恥，以致在極短的時間裡（甚至自己都不知道已經過了這麼一段時間），她意識到自己已經知道這件事之前，她就否認自己知道的事實。她昧著良心，對自己說謊，並且否認自己說謊——都是為了逃避發生在自己溫馨家庭裡的恐怖事件所帶來的羞恥感。

Escape from Shame
逃離羞恥

————————— ◆ —————————

　　人們發明許多方法來逃避自己的羞恥，但沒有一種方法管用。
這些方法只會把羞恥從感覺的前門推出去，讓它從後門再次進來。
要處理羞恥感，比較好的辦法不是逃避，而是醫治。現在，我們可
以開始思考如何醫治羞恥感。

Intermezzo: A Little Parable

插曲 一篇小預言

　　一八七一年，一個潮濕的九月天，在日德蘭半島最寒冷的海岸上，在諾荷瓦斯柏格（Norre Vosburg）這個村落裡，巴貝特・赫珊（Babette Hersant）敲打一間平凡小屋的門，這裡是馬蒂娜和菲麗帕兩姐妹的家。不久之前，巴貝特一直是一家巴黎一級餐廳安格雷（Chez Anglais）的主廚，但在丈夫和孩子於內戰中被殺害之後，她就逃離法國。馬蒂娜和菲麗帕繼承已故父親的使命，帶領一批信徒，穿越痛苦與悲傷的山谷，繼續毫無喜樂的旅程。

　　自從領袖去世後，這群信徒的爭執日增，也比以前更不喜樂，使得兩姐妹的工作越來越困難。因此當巴貝特站在她倆的家門前，詢問能不能為她們工作時，她們知道她是被聖靈的風帶到她們面前的。「留下來吧。」她們說。她真的留下來，成為這兩位忍受溫和苦難的僕人的僕人。

◆

她們奉行的是善意否定的信仰。舉例來說，她們相信，只有當他們拒絕肉體的食物所帶來的一切樂趣時，才有資格領受聖餐。因此兩姐妹教巴貝特如何把比目魚浸泡一個晚上，第二天再把它徹底煮熟。如何把硬麵包泡在混了麥酒的水裡，烹煮一個小時，再把它做為麥酒麵包上桌。這就是全部的菜單，日復一日，即使在安息日也不改變。

　　巴貝特心懷感激地接受與陰鬱的諾荷瓦斯柏格居民同住的僕人生活。她和法國唯一的接觸是一位表親；看在過去的情分上，他每年都會用巴貝特的名義購買一張彩券。幾年過去，有一天，從巴黎寄來一封給巴貝特的信。那是官方的通知，通知她所買的彩券中獎了。信中還附有一張巴黎銀行開立的證明，可以憑據領取一萬法郎。好大的一筆財富！

　　關於該如何使用這筆意外之財，巴貝特思考了一陣子。最後她決定用這筆錢送一份禮物給諾荷瓦斯柏格的信徒。她要把她唯一能夠拿得出手的禮物送給他們，正如他們把能夠付出的東西給了她一樣。她要為他們預備一場盛宴。

　　巴貝特寄了一份清單給在巴黎的表親。不久之後，兩艘小船從法國前來，船上載滿她為宴會訂購的貨物：活的雛鴿、一隻巨大的活烏龜、鵪鶉、山鶉、雉肉、火腿、牛肉、當季各種新鮮蔬菜、令她在巴黎揚名的各種精緻糕點的材料、香料和好酒，以及瓷器和水晶。宴會將在他們敬愛的屬靈領袖一百歲生日時舉辦。

所有的會眾都獲得邀請。村民已經聽說兩艘船運來的那些前所未聞的貨物，因此聚在一起討論應該怎麼辦。他們決定為了紀念他們的領袖，他們會勉為其難出席這場宴會，但是為了忠於他的教導，他們向彼此發誓絕不享受吃喝的過程。

　　因此，在宴會的那天晚上，每位信徒穿上最好的黑色衣服，在指定的時刻來到小屋。他們沉默地坐在巴貝特為他們擺設的高雅餐桌旁，雙手虔誠地放在膝頭，所有人都因為從巴黎運來的眾多瓷器和水晶而心生敬畏。宴會中每上一道菜，他們沒有表現出任何喜悅，逕自低頭進食，只用虔誠的句子彼此交談、回憶已故的領袖如何教導他們不配享受最簡單的食物，而且在剛開始吃的時候，他們也成功地沒有表現出一絲因這些食物而帶給他們的樂趣。他們啜飲她做的海龜湯、大口吞下她做的美味禽肉，他們切開她做的紅肉，細細品嚐她與眾不同的糕點，他們甚至喝了她的葡萄酒，包括一瓶 1860年份的 Veuve Clicquot。

　　隨著宴會的進行，他們的靈魂漸漸因著巴貝特慷慨的禮物而快樂起來，儘管這樣違背他們的意願。他們被她的恩慈行為吸引，看見這裡到底還是有些事物是可以享受而非忍受。才在不久之前，巴貝特的宴會帶給他們羞愧的愉悅感，在餐桌上還顯得如此陌生和禁忌，如今開始在彼此的心中湧流。

　　談話開始輕鬆起來，大家在飲食之間開始交換微笑。一位女士謹慎地打了一個嗝；一位長者看著她，說：「哈利路亞。」鄰居回想起過去他們如何不時地彼此惡待，只要有人提起這些往事，其他人就立刻寬恕。喝過咖啡以後，眾人離去，覺得比來赴宴的時候輕

省。他們手攜手的走回家，緩慢沉重的步伐幾乎變成蹦跳小步，他們更一起哼唱一首在輕省日子流傳下來的輕鬆小曲。

巴貝特毫無顧忌的恩慈行為，令他們措手不及，融化他們抗拒的心，使他們覺得或許儘管自己本不應得，卻仍然配得這麼美好的禮物。他們的發現，令他們更加感恩。當他們向巴貝特豐盛的禮物敞開心扉時，即或只是片刻，喜樂就細細流淌在他們靈魂的隙縫間。

宴會過後，兩姐妹跟巴貝特說，現在她有了這麼多錢，很快就可以返回巴黎。

「噢，不行。」巴貝特說。「我沒有錢，我不能回去。」

「沒有錢？但是那一萬法郎呢？」

「都花在宴會上了。」

「全部？花在宴會上？你這樣做花太多錢了！」

「啊，但是藝術家從來不會窮困。」

我想像在那天晚上，會有一位天使向巴貝特顯現，對她說：「從現在開始，你的名字叫做恩典。」

Grace and
The Healing
of Our *Shame*

恩典與
羞恥得醫治

13.

The Beginning of Our Healing

醫 治 的 開 始

當我們照著一個人現在的樣子對待他，
我們會讓他變得比現在的他更糟。
若我們對待一個人，
待他如同已經展現其潛力後的樣子，
我們就是使他成為他應有的樣式。

約翰．歌德
Johann Goethe

我相信,醫治羞恥感最好從一個屬靈經驗開始;更明確地說,是領受恩典的屬靈經驗。和三種醫治自覺不配和不被接納的傳統治療法相比,領受恩典是一種非傳統的另類療法。

傳統的應對方式可能在細節上有些差異,但是絕對不會過度偏離以下三種方法:

- **將我們的理想降低到與能力相同的水準,使二者相符。**

- **讓自己達到可被接納的程度,以符合理想狀態。**

- **說服自己,認為現在的樣子就不錯了。**

我不認為我們可以用這些方法來醫治我們的羞恥感,我認為以上的方法做得不夠深入,無法讓其發揮作用,讓我解釋原因。

第一個選項有個根本的缺陷:它假設只要我們發現理想給我們帶來困擾,就降低我們的理想。

但是我們做得到嗎？每當我對於說謊這件事感到不快時，我就能夠降低對於個人品行正直的理想嗎？或者，每當我想要出軌時，我就能夠決定不再堅持為家庭委身的理想嗎？大部分人會意識到，自己並不能選擇改變理想來配合表現。

我們能夠做的是，把真正自我的理想與虛假自我的理想分別開來。我們是否正允許世俗文化來模造我們賴以生存的理想？我們是否把自己交給冷漠無情的宗教或從不表達接納的父母，讓他們去定義我們的自我，並期望獲得接納？如果是這樣，我們就是因為虛假自我的錯誤理想而感到羞恥。

將我們的理想與目標分開是很有幫助的。理想和目標的差別在於：理想是我們應該成為的人；目標是我們想做的事。在兩年內拿到碩士學位、五年內年薪達到五十萬、五個月內減去十磅、學會使用電腦，這些都是很好的努力目標，全部都是。但是我們可以調整目標，而不需要降低我們的理想。

當我們把想要達成的目標，跟我們想要成為的人混為一談，就有可能陷入更深的羞恥之中。

現在思考第二個選項：讓我們自己變得可以被接納，藉此醫治羞恥感。這種治療法，可能更會加劇我們原本打算要醫治的羞恥。

首先，感覺羞恥的人往往覺得沒有能力改善自己；沉重的感覺漸漸變為絕望。要這樣的人提升自己的成就以符合個人的理想，可能就像告訴一個下身癱瘓的人去長途步行，以鍛鍊雙腿一樣。

再者，我們不能透過道德的操練來減輕羞恥感覺。我們當中道德成就最高的人，往往是被沒有價值的感覺壓制得最重的人。透過道德成就來除去羞恥感，是無情冷漠的宗教採取的第一步驟。只會壯大我們想要醫治的羞恥感。

我們只剩下第三種傳統解決方法：說服自己去相信，我們已經被接納就足夠了。一般來說，我們是透過自鳴得意來達成這個目的。自我催眠是方法之一；我們可以每小時背誦一次與自尊有關的口號，像咒語一樣。然而，可能你的頭腦告訴你的感覺說，你是個了不起的人，但是你的感覺聽不進去。羞恥感往往沉重到一個地步，無法用自我催眠來改善。

總結，以上是其中部分原因，說明為何非傳統療法或許是個好的起點。我們需要用一個極端的方法，直指羞恥背後更深、更隱藏的問題。

當我們問：為何羞恥對人類的靈魂來說，會是如此沉重的負擔？我們就靠近問題的核心了。為什麼它有這麼大的力量，可以剝奪我們生命的喜樂？簡而言之，為什麼它會造成這麼大的傷害，讓我們覺得不被接納？

只有一個原因：覺得不被接納，會引起深層的恐懼，害怕自己不被接納。精神分析家加赫‧皮耶（Gerhart Piers）的著作《羞恥感與罪惡感》（Shame and Guilt）可謂當前心理學研究羞恥感的先驅，他告訴我們「在羞恥感的背後……是害怕被遺棄。」卡爾‧奈德（Carl Schneider）著有《羞恥、罪、揭發》（Shame, Guilt, Exposure）一書，他也同意這個看法：「羞恥的根本力量……是對於拒絕的恐懼。」

確實如此！困住我們的羞恥之網，是以恐懼的糾纏絲線編織而成，害怕自己會被對我們而言非常重要的人拒絕。簡而言之，在我們的羞恥裡面，懷抱著最強烈的恐懼，是對死亡毒鉤的恐懼、害怕拒絕的恐懼。

這一點讓我們開始涉及本書最重要的重點之一：被接納的經驗，是不被接納的感覺得著醫治的開始。

被別人接納是我們的生命中最迫切的需要；如果一個人在意識中一直害怕自己可能不被他人接納，就不可能與自己為友。害怕不被哪些人接納？就是任何對我們人生具有重要意義，會估量我們、發現我們缺乏的人。我們的父母、同事和老闆、朋友，尤其是我們自己，最後還有我們的創造者和救贖主。

因此，我們和羞恥感的角力，促使我們思考這個重要的問題：我們是否被困在自己冷酷無情的幻象裡，認為自己必須先變得可以被接納，才能感覺被接納？世俗的文化、冷漠的宗教、不懂接納的父母……面對這些給人帶來羞恥感的理想標準外，是否還有別的出路？

有。這條出路叫做恩典。恩典是醫治的開始，因為它提供我們最需要的一樣東西：無論我們是否夠資格被接納，都能被接納。恩典意味著禮物；這份禮物就是在我們變得夠資格被接納之前，就接納我們。

　　在繼續探討之前，我必須先說明，恩典並不是在我們感覺沉重之時，讓我們可以撲上去休息的羽絨大床。事實上，恩典是上帝的別稱，這位上帝非常恩慈，任何感到羞恥的人都會因祂的恩慈感到驚異。

　　然而，要描述恩典的真貌，就像要在一個段落裡說明何謂量子物理，或是將貝多芬第九交響曲縮減為一個音節的長度一樣。我會把挑戰難度降低一些，只談及我們關於恩典的經驗。既不談理論或贖罪的教義，也不談上帝為了讓我們得到恩典而受了什麼苦，或是一個人必須做什麼或相信什麼才能得到恩典。粗淺地說，我不會討論認罪的代價；我只會試著描述一旦我們領受恩典，我們會有哪些經驗。

　　大部分經歷上帝恩典的人都會在四個層次上經歷到它，有些人僅經歷到一個層面，有些人的則會經歷多個層面：

◆ **經歷到赦免的恩典**：我們做過的錯事得到赦免，赦免的恩典是對罪惡感的解答。

◆ **經歷到接納的恩典**：我們與上帝並我們的真實自我重新聯合，感覺被接納、被撫慰、被擁抱、被肯定、被愛。接納的恩典是對羞恥感的解答。

◆ **經歷到能力的恩典**：恩典提供一種屬靈的力量，能夠擺脫羞恥的重擔，並在恩典的中輕省，朝著上帝要我們成為的真實自我走去。

◆

◆ **經歷到感恩的恩典：**它讓我們感受到生命是一份禮物，感
受到奇妙，有時候會因為上帝毫不計較的慷慨寬容而興奮
不已。

我在本書中將要談論的恩典經驗，主要是被接納的經驗。我要
以這句話作為我們的討論基礎：身為不被接納之人的這種感覺，最
有效的解藥就是發現我們被上帝的恩典接納，而祂的接納對我們而
言最為重要。

經歷恩典就是尋回我們已經失落的內在孩童（inner child）。內
在孩童的心是信任。當我們覺得那些我們一直信任並會接納我們的
人並不接納我們，或是覺得我們若做了令他不快的事情，他們就
會拒絕我們，此時我們就失去了童年。羞恥感騙走了我們的童年，
而恩典將童年還給我們。

心懷信任的孩子完全不會擔心自己是否夠聰明、夠好看，生命
中的成就夠不夠高，或是夠不夠好，才能被他的父母接納。他相信
那擁抱他、給他溫暖、餵養他、褓抱他、愛他的人會一再接納他，
永遠地接納他。信任是我們在經歷恩典後找回的內在孩童。

恩典勝過羞恥，那可不是在我們裡面找到一個之前被忽略的優
點才有的接納，而是單純地接納我們，無關美醜好壞，整個人完全
被接納，那是不可能被拒絕的接納。一次接納，就永遠接納。從我
們最深處被接納，得到在每一個人際關係中最渴望得到的東西。

　　當我們疲倦到極點，不再為了變得有價值和被接納而掙扎時，我們就做好了接受恩典的準備。在我們花上太多時間試圖贏取對我們而言重要的人的肯定之後，我們就做好了接受恩典的準備。當我們厭倦了試圖照著他人要我們相信的、成為他人眼中的某類人，我們就做好了接受恩典的準備。當我們放棄一切希望，不再期望自己被別人接納時，我們就可能在心中聽到最大的保證：我們是被接納的，被恩典接納。

1
要明白傳統的道德智慧
在恩典面前都黯然無光

　　想想一些公認的人生格言，只有魯莽輕率的人才敢加以否定：「萬物皆有其代價。」「天下沒有白吃的午餐。」「有付出才有得到。」這些都是等價交換的觀念。在恩典臨到、那不可思議的一瞬間，我們打破了所有這些傳統格言的桎梏。

2
恩典也是奇異的體驗

　　初次體驗恩典時，可能會覺得好像降落在一個二加二等於五，或是扳手從手裡掉落後卻會飄到天花板的奇妙世界裡。恩典具有令人感覺失重的特性，有如童話故事的感覺；而使它成為一個尤其特別的童話是因為它是真實的。

3
恩典
也帶有道德的危險性

　　無論我們是否應該被接納，卻都能被接納，對於謹慎而嚴格的道德主義者來說，一直是件令人憤慨的事。舉例來說，對於古代的法利賽人而言，恩典看起來就像有史以來最邪惡的交易，交易對象則是教人羞恥的笨蛋。在他們直線式的道德觀裡，人分為兩種：有資格被接納的人，和沒有資格被接納的人。如果你屬於第二種人，那算你倒楣。

　　冷漠無情的宗教擔心恩典會把一個屬靈上的流浪漢轉變成佔便宜的傢伙。如果一個人不需要變得有資格就能獲得接納，那何必還要努力嘗試？這是合理的問題。

　　要回答這個問題，我們可以先做一個比較。想要過一個可以被接納的生活，誰比較佔優勢？是一個從一開始就被父母溫暖接納的孩子，還是一個被遺棄、認為自己被拒絕是因為自己不應獲得接納的孩子？

　　為了說明我的觀點，我要說兩個故事。其中一個故事是雷斯赫斯・山普（Racehoss Sample）的故事，另一個是普列斯考特・麥可尼西（C. Prescort McCaernish）的故事。雷斯赫斯是真人真名，普列斯考特則是真人假名。

◆
179

雷斯赫斯是大艾瑪的孩子。大艾瑪是個出名的妓女，在德州中部一個火車站旁的小屋提供賭博、私酒，以及性服務。雷斯赫斯妨礙大艾瑪做生意，所以她從一開始就憎惡他。她常常喝醉，一喝醉就打他，而且讓他確知自己毫無價值。

雷斯赫斯十一歲時，再也無法忍受，於是逃走了；他上了火車，沒有特定的目的地，隨遇而安，和無業遊民及四處流徙的工人混在一起，並且在旅途中成了一個怒氣有如火山般猛烈的怪物。第二次世界大戰爆發，軍隊徵召他，但很快就發現無法馴服他。他幾乎每個月都會擅離職守，而且每次擅離職守時，他都會引發打鬥，然後因為攻擊和毆打他人而入獄。最後，法院判他三十年徒刑，在德州州立監獄服刑。他在這裡確切地學習到，如果你像對待野獸一樣地對待一個人，他就會變成野獸。

獄方對於不服管教的囚犯最嚴厲懲罰，是把他們囚禁在墳墓裡。墳墓實際上是個四呎乘八呎的地下牢房，沒有窗戶，只有兩扇硬鋼板當做門，一塊堅硬的混凝土塊當做床，地板上少了一塊石板的地方就充當廁所——臭味歷經一個又一個住客，縈繞不去——而且完全黑暗。凡是忘記放下身段順從老大的囚犯，獄方就把他們塞進墳墓裡面禁閉二十八天，一天只有一杯水和一塊餅，每六天有一頓粥，確保他們活命。

雷斯赫斯有很長一段時間待在墳墓裡。在被捕的第十六年，他與其中一個警衛發生衝突，再度被關進墳墓，但是這次不一樣。這次他們一把他扔進去，他就嚇得要死。他聽到附近有像水流沖至的聲音，而且他確定這猛水會滲入，把他淹死。他瘋狂了。

◆

「我……繞著牆跑。然後像球一樣在地上滾……我打傷自己，撕抓和拉扯自己的身體。我精疲力盡地癱坐在石板上，用雙手掩住臉，大叫：『上帝，救我！救我！』

然後——

我在指縫間看到一道光芒。我慢慢地把手放下，整個牢房都在發光，像點亮了四十瓦特的燈泡一樣。柔和的光撫慰我，我不再害怕。我感覺被一股靈氣包圍，消除了我的不安。它安慰我……我得以自由地呼吸。我這輩子從來不曾覺得這麼幸福、這麼好、這麼安全、這麼被愛。

裡面有一聲音從我的肚腹深處發聲。『你不是野獸。你是人。』它還說：『什麼都不必擔心。但是你必須告訴他們關於我的事。』

在那次的經驗後，我真實地體會到上帝。祂在燃燒的地獄深淵找到我，高舉我，填飽我飢餓的靈魂，並將新的生命吹進我的鼻孔。」

當雷斯赫斯被放出來時，他們幫他量體重，發現他重了五磅。

上帝親自到墳墓尋找雷斯赫斯·山普，這種做法或許並不是上帝進入人心靈的尋常方式。然而上帝確實去尋找他，雷斯赫斯感受到上帝的臨在全然是恩典。雷斯赫斯唯一得到的信息，正是他一直渴望從大艾瑪那裡聽到的話語，哪怕一次都好，而現在他從上帝那裡聽到這句話：你被接納了。

SHAME and GRACE
為何總覺得自己不配任何美好？

　　如此唾手而得的恩典，就是接納一個罪人、除了要他告訴別人他在墳墓裡遇到的是誰之外，別無要求的恩典，帶來什麼結果？事實上很多。

　　雷斯赫斯於一九七二年一月十二日早上九點四十五分出獄，口袋裡只有十塊美金。後來，他寫下自己的回憶錄[1]。我們在別處知道他後來成為第一個在州長辦公室工作、第一個擔任假釋官、第一個在德州律師協會擔任部門主管的更生人士。他獲頒自由之鐘獎（Liberty Bell Award），並於一九八一年獲提名為德州傑出犯罪防治公民（Outstanding Crime Prevention Citizen of Texas）。他在一九七六年完全獲釋，並且改名為亞弗瑞德·山普（Alfred Sample）。

　　我用雷斯赫斯·山普的故事來說明一個真理：恩典在感到羞恥的人身上變成正面力量，他被恩典接納，不管他是否配得被接納。

　　接著是普列斯考特·麥可尼西的故事。他是福音派牧師的兒子，沒有人比他更被接納了。他從一開始聽到的信息就是：「你的父親是個偉大的敬虔人，如果你能像他的一半，你就會表現得很好。」他從母親和身邊的每個人那裡聽到這個聲音，從來沒有忘記。

　　因此普列斯考特將自己獻身於使自己成為在上帝和父親眼中可被接納之人的生活。他需要做的第一件事，就是感受到全職的呼召。他感受到了。到了四十五歲時，他每個禮拜天早上穿著藍色飄逸的長袍，站在六呎高的講台上，口若懸河，向兩千多位信徒傳講三篇華麗詞藻的講章。

---

* 註[1] Recehoss: Big Emma's Boy (Austin, Texas: Eakin Press, 1984)

◆

　　他有他父親一半的成就嗎？對百分之九十五的人而言，他比他父親更成功。另外那百分之五的人是怎麼回事？他需要給他們更多，然後再更多。每個人都能前來找他幫助。需要輔導？他會撥出時間。女兒的婚禮？他會把它變成一場露天劇。全國會議的代表？若是領受呼召，他很樂意前往，爭取更高的職分。加入理事會？晚上是做什麼用的？

　　但是在他裡面，普列斯考特‧麥可尼西是個受驚嚇的孩子，他為了自己絕對無法成為像父親一樣可被接納的人而感到羞恥。然後他發現一個能夠接納他這樣不可被接納者的人；她接近他、溫暖他、激勵他，並且接納他。她讓他進門；會友則將他趕出門。

　　普列斯考特‧麥可尼西被葬在這裡：不被接納症候群病毒的犧牲者。恩典就在他的掌心，但是他無法握住恩典，將其放到唇邊。他在恩典的氛圍內工作，卻吸吐羞恥的煙霧。

　　真實經歷到的恩典一點也不危險。真正危險的是那沒有恩典的沉重人生，令人筋疲力盡，抹殺一切的喜樂。

14.

With Our Shadows

帶著我們的陰影

在我屬世的身體裡有一群人：
一個謙卑，一個驕傲；
一個因為罪而心碎，
一個毫不悔改地坐著冷笑；
一個愛鄰舍如同自己，
還有一個只關心名聲和自己。
若我能夠判斷何者才是我，
就能脫離這樣困窘的處境。

無名氏
anonymous

　　恩典給我們勇氣去檢視生命中陰影和光明的雜亂混沌，讓我們看見一些事而感到羞恥，然後再接受神全然接納我們的好消息；祂接納我們一切的陰暗，以及生活在這陰暗中的所有惡魔。

　　沒有人是單一種類的人。每個人都是一團活生生的矛盾組合。杜斯妥也夫斯基總能直指我們內裡種種矛盾的真相，將它們推演到最極致。舉例來說，他說：「海岸在此會合，所有的矛盾在此並肩存活……高尚的思想從聖母馬利亞的理想開始，到所多瑪的理想結束……魔鬼與上帝爭鬥，而戰場就是人心。」他筆下的人物之一，德米特里·卡拉馬助夫（Dmitri Katamazov）就哀號說，妓女耶洗別和處女馬利亞同時存在他的心裡；他認為，如果他能夠擺脫其中一個，生活就會簡單得多。

　　但是我們的內在生命並非像日與夜一樣區分得那麼清楚，一面是純然的光明，另一面則是全然黑暗。大部分的情況是，我們的靈魂被陰影遮蔽；我們生活在邊界處，黑暗的一面阻擋了我們的光明面，並在我們內心最深之處投下一片陰影。我們是混合產物，並非一面完全光明，另一面完全黑暗；而是光暗混雜，我們並不是時常都可以分辨光明在哪裡中止、然後陰影開始，或陰影在哪裡中止、接著進入黑暗。我們都是由各種零碎事物編織在一起，東拼西湊，是道德上的大雜燴。我們是由無意識的驅動力、任性的慾望、良善的意圖，以及崇高的異象交纏而成的紗線。

沒有多少人每天和大魔王來往；大部分人都是和小惡魔及小妖精打交道。還有巨魔，巨魔在陰影裡感到悠遊自在。巨魔不是惡魔，也不是天使；牠們比較像洞穴巨人，不像邪魔。噢，巨魔可能很討人厭；牠們踩碎讓人快樂的事物，而且一有機會就會抹殺別人的喜樂。但是牠們大多只是惡作劇的小鬼，而不是邪惡的大魔王。

我知道我們的內心可以變得非常黑暗，我也知道在我們當中有些人的心完全被自己的邪惡行徑所俘虜。他們的整個內在都已經腐敗，不但行邪惡之事，他們本身就是邪惡。他們是謊言的族人，他們已經沒有羞恥之心，他們都是無恥之徒。只有重生，才能讓他們得回他們的羞恥感。

然而，我是為了那些仍然接近真實自我、感受得到羞恥感的人寫這本書，尤其是他們的羞恥感跟現實完全脫節的人。

許多人感受到羞恥，不是因為我們太壞，而是因為我們不夠好。未達標準比違反法律更令我們難過。這裡有幾個例子。我希望朋友遇上好事情，可是當他們得到獎勵，而我卻仍在孜孜不倦地努力、沒有人注意到我，我就無法用應有的態度來為他們慶祝。我不希望你失業，但是如果我們之中必須有一個人失業，那麼我會很高興失業的人不是我。在我心裡並不想對其他人做什麼殘忍的行為，但是如果某個大出風頭的競爭者遭遇一連串的噩運，甚至暴斃，我也不會因此感到悲傷。我決心要說實話，但是如果我非常需要某樣你擁有很多的東西、而我可以憑欺騙得來一點點而不惹起你的注意，我也不會為了誠實而賭上我的退休金。

這些都是我內心的巨魔所擅長的惡行。牠們不會慫恿我去謀殺或傷害人，或去偷竊和搶劫，但上面描述的都有下流、醜陋的傾向，而且在某些特定的情況下，可能促使我做出下流醜陋的行為。而它們帶來的羞恥感，我必須承認是健康的羞恥感。

也有一些較卑劣的小惡魔會戲耍我們的人性。我們似乎從來無法達成目標，做完該做的雜務，完成我們的責任。我們是軟弱的構造物，容易被小惡行吸引，也很容易被我們自己欺騙的行為左右。我們口無遮攔，不時令自己出醜，給人心思遲鈍的形象。我們晚上作夢，跟於理不容的伴侶進行變態性行為，而且對於其他人的痛苦，我們並未感受到應有的傷痛。這些也是讓人感到羞恥的失敗，我們不確定自己是否理應感受內心那些羞恥感覺。

這些是道德豬玀的特質嗎？它們是我們性格中的破口嗎？或者它們比較像是脫落的線頭？我們的羞恥感是健康的，還是不健康的？我們不確定。但是當我們接受上帝恩典的那一刻，這個問題已經不重要。重點是上帝的恩典臨到我們失序的靈性、撕裂的內在，接納我們所有尚未釐清的混亂，接納我們所有行出實質惡行的可能性，以及所有使我們成為如此有趣之人的迷人缺陷。祂完全接納我們屬靈人雜燴的本質。

我們是在最難以置信的矛盾和令人厭倦的腐敗中獲得接納，帶著我們的極度邪惡和令人愉快的美德一併被接納。我們是受損的傑作，發育不全的聖徒；我們的地下室裡住著巨魔和天使，我們幾乎無法分辨兩者，也不敢去面對。面對每個人的陰暗自我，恩典說了一句慈愛的話語：你是被接納的。被接納了，被接納了，被接納了。

　　從一開始，恩典醫治我們的羞恥感，它不是拿掉我們所有的羞恥，也不是把不應感到羞恥的綿羊與應該感到羞恥的山羊分開，而是除去所有羞恥給予我們的最大恐懼：拒絕。任何能令我們變為不被接納的事物，都不會讓上帝拒絕我們。

　　任何被恩典醫好羞恥感的人，都沒有理由假設自己這一生會變得全然光明。人可以在恩典的力量中，變得更接近應該成為的真實自我，內裡的陰影可能變得比較明亮，可能有一些巨魔會給天使讓路。然而，人絕對不會變成心靈純淨到不需要恩典，也不會靈魂貧乏到恩典不願意去接納。

15.

Singing "Amazing Grace"
Without Feeling Like a Wretch

吟唱《奇異恩典》
而不覺得像個罪人

（上帝）用許多榮耀尊榮（祂的兒女），
使他們的處境不致遠遜於天堂和上帝的榮耀。

約翰．加爾文
John Calvin

當恩典仁慈地臨到我們身上時，它會施行醫治。當恩典以不仁慈的方式給予人時，它會引起羞恥。你可以依據領受恩典之後，是否讓你覺得比較好，比較輕省，以及在談到恩典時，是否覺得自己是個有價值的人，來分辨這恩典是否仁慈。問題是：我們被恩典接納，是單單因為我們的不配，還是因為我們配得，所以才被接納？

讓我們因為擁有它而覺得更糟的恩典，是一種不仁慈的恩典，因此根本不能稱之為恩典。如果恩典能夠醫治我們的羞恥感，這樣的恩典必定讓我們知道自己配得擁有它。我認為我們必須明白一件事：我們被接納，不只是因為我們的不應得，也是因為我們配得。

我們可能同時不應得到恩典，卻又配得恩典嗎？當我檢視自己，我發現不應得和配得兩件事情確實同時存在，以不同的方式，在不同的層次，也在不同的時間。因此或許我既是因為我的陰暗面而被恩典接納，也是因為我裡面有一種黑暗無法消滅的光明而被接納。

◆ **赦免我罪的「奇異恩典」可能在我們裡面發掘出一份榮光，是我們心裡的惡魔無法永遠將之隱藏的。**

◆ **當我們覺得自己像個「被不應得的恩典拯救」的罪人時，我們或許也在其中發現自己的一份價值，使我們配得拯救我們的恩典。**

我確信，你已經明白我所說的配得和應得之間的差異。我們可以如此思考其間的差異：如果我「應該得到」放在我面前的好東西，那是因為我做了某些事才贏得它；如果我「配得」，那是因為我是一個有無比價值的人。

一八六五年四月九日，棕櫚主日的早晨，李將軍（General Robert E. Lee）穿上最好的制服，騎上愛馬「旅行者」，離開疲倦、衣衫襤褸的部隊，前往阿波麥托克斯（Appomatox）。在那裡，他要將戰敗的軍隊移交給格蘭特將軍（General Ulysses S. Grant）。當李將軍騎馬去面見征服者時，他滿以為他的手下會像牛群一樣被驅趕進火車廂，然後被運到某處聯邦監獄；而他身為將軍，會像受盡恥辱的叛國者一樣接受審判和處決。

在戰敗者和勝利者會面的那間整潔的起居室裡，李將軍問格蘭特將軍，他的投降條件是什麼。格蘭特告訴他，他的部隊可以帶走馬匹，回到自己的農場，李將軍也可以自由回家去，建立新的生活。李將軍把劍交給格蘭特；格蘭特拒絕了。李將軍嘆了一口氣；他在前來的途中預期會受到羞辱，結果卻帶著

尊嚴和榮譽離去。當格蘭特看著李將軍騎上旅行者，返回部隊所在地時，他脫下帽子，向戰敗的敵人致敬。那是仁慈的恩典，深深地影響了這位戰敗的將軍：李將軍在世時，絕不允許任何人在他面前批評格蘭特。

仁慈給予的恩典會尊崇我們的價值，同時忽視我們的不應得。

我有一些特定的特質，是人類所共有的，是被創造者所珍視的特質。我也有自己獨特的餘燼在我裡面發光，偶爾這餘燼還會被煽旺變成火焰，發出屬於我個人特殊的榮耀色彩。我相信，我的共有人性和我獨特的火焰，使我成為一個配得被神恩典接納的人。

有無數的東西是我不應該得到的。我不應該得到國會榮譽勳章，因為我從來不曾做過什麼著名的英勇行為。我也不應該得到諾貝爾和平獎，因為我不曾做過什麼促進和平的事情。至於賽揚獎（Cy Young Award），算了吧，我甚至連一個曲球都不會投。我想我這輩子應該都得不到大部分世界上的獎項，我當然也不應該得到拯救我這樣一個罪人的恩典。

◆

我確信，我們之中有一些人比其他人更不應該得到恩典。我知道這是真的，主要是因為我認識一些比我更應該得到恩典的人（基於不精確但實際存在的原因。）就拿我的老友哈利‧鮑爾來說，他在我眼中是最不可能被權力、金錢或性敗壞引誘的人之一。談到全然、根本的正直，我知道他比我更有資格。

然而，我覺得我比尼克‧馬克拉曼多（Nick Macramendo）更有資格。他是一個來自紐約的矮小殺手，冷血地謀殺了許多人（包括他的朋友在內），只為了取悅犯罪集團的老大；而當他遭遇困境時，就告發他的老大，以救自己脫難。

從上帝的完美座席俯視，哈利、尼克和我之間的差別或許細微到可以忽略不計，但是只有性格乖戾的人才會對顯然存在的差異視若無睹。正如威廉‧詹姆士（William James）曾說的：「人與人之間的差異非常小，但是這些小地方卻非常重要。」

有些人用很廉價的方式出賣自己的核心人性，將之變成嚴酷、欺騙和殘忍，以致他們不配得到任何東西。我們已經將眼中的樑木砍削到足夠讓我們知道一個事實：我們無法直視上帝的眼睛，說祂的奇妙恩典是「我應該得到的」。

SHAME and GRACE
為何總覺得自己不配任何美好？

　　但讓我們來談談「配得」這件事。我的母親為我做了莫大的犧牲，而我仍然在努力試著去接受她那犧牲自我的恩典。我應該得到這恩典嗎？我確定自己不應該。我配得嗎？我相信我配得。我配得她的犧牲，只因為她將我帶到這個世界，成為一個不凡的人，擁有屬於我自己的潛力，讓我出人頭地。我配得她為我做的事，即使我並不應該得到。

　　那麼，上帝的恩典呢？我應該得到嗎？我配得到嗎？

　　要回答這些問題，沒有比浪子的比喻有更好的答案了。

　　浪子迫不及待地想過一個比在父親的農場工作更加活潑的生活，而且他認為自己應該得到這樣的生活。因此他要求並且得到他應得的那一份家產，然後離開父親和家人，令家人的農場置於困境，獨自前往遠方的國家，把錢花在美酒和壞女人身上。等他花完最後一毛錢，他──一個猶太人──淪落到養豬場工作，而且餓到要在餵豬隻的餿水中尋找食物。他真正吞下去的，是一劑健康的羞恥感。

　　因此他只能指望父親的恩典，決定回家。他並不期望會有什麼結果，但是他別無選擇。當他的父親看到他滿懷羞恥地回來，這位威嚴的老人將外袍高高拉起，快跑去迎接他。

　　羞恥不已的浪子對父親說的第一句話是：「我不配稱為你的兒子；把我當做僱工吧。我可以住在穀倉裡。」但是他的父親擁抱他，辦了一個宴會，邀請鄰里出席，接納他回到家中，成為一個被愛的兒子。

他哥哥生氣是可以理解的,他將自己的感覺明確地告訴父親。我想他們的對話可能類似這樣:

「那個敗家子不應該得到這些。」

「我知道。」

「那麼,既然你知道他不應該得到這樣的待遇,為什麼你還為他舉行盛宴?說到這個,你打算讓他回到我們家裡嗎?」

「啊,你說得沒錯,他不應該得到這樣的待遇。但是如果你對他的認識和我對他的認識一樣,你就會知道他配得做我的兒子。他在遙遠國度裡變成的那個人並不是他真正的自己;那是一個陌生人,一個虛假的自我。但是現在他回來尋找他的真實自我,而那個自我配得做我的兒子。」

比喻到此為止。上帝和我呢?我是否配得上帝的恩典——像那個浪子配得作為兒子一樣?我自己對於恩典的體驗告訴我:我配得。

恩典不會讓我覺得更低下;它讓我覺得更有價值。儘管它無視我刻下的陰影和黑暗而接納了我,它也因為我是我而接納我,因為我是一個相當獨特的受造物,具有非凡的價值。

　　無論吟唱那首恩典詩歌的人是誰——國家監獄裡的囚犯合唱團、倒霉的人、被拒絕的和被厭棄的，又或是在總統早餐中居高位的客人——我們都因為吟唱這詩歌而覺得自己比較不像個罪人。當我唱《奇異恩典》時，我感受到自己裡面有一種價值，它告訴我，我是個比「只有恩典能夠拯救的罪人」更好的人。這是拯救我這罪人的恩典所呈現的甜美反諷：它是最仁慈的恩典，它告訴我「我配得。」

16.

Places to Find Traces of Grace

發現
恩典蹤跡之處

當它來臨時，是否毫無警示，
一如我在挖鼻孔？
它會在早晨敲我的門，
還是在公車上踩我的腳？
它會像天氣變化一樣地到來？
它的問候是有禮還是粗俗？
它會徹底改變我的生命？
還是告訴我愛的真理？

奧登
W. H. Auden

　　在一個電視節目上，我原本沒有預期會被問及任何真正嚴肅的問題，但主持人的一個問題叫我感到驚訝：「你通常在哪裡遇見上帝？」我脫口說出第一個出現在我腦海中的答案：「在我的朋友當中。」是的，仔細想想，我確實在朋友當中遇見上帝的恩典。

　　當然，朋友和友善的人之間有一個重要的差異。友善的人會對你微笑，彷彿你是他的朋友，縱使你並不是。友善的陌生人沒有什麼不對；他們潤滑了商業機器的運轉，但是我們一定要記住，友善的人不一定就是我們的朋友。

　　我在真正的朋友當中遇見上帝的恩典，而不是在友善的陌生人中間。

　　毫無疑問，一位願意接納你的朋友，臉上刻有恩典的痕跡。卡爾‧波提厄斯（Cal Bulthuis）是我的朋友，我們彼此相識已足有四分一世紀。我搬到加州後的幾年，我們不再經常見面，有天他的醫生突然打電話給我，告訴我卡爾患了致命的癌症；如果我想跟他說說話，最好快點前往。因此我翌日便飛到密西根州的大急流城（Grand Rapids），在醫院裡陪了他一個禮拜。

在我離開卡爾的前一天，他用僅餘的一點力量提醒我，說在我身上看見一些令他感到憂心的缺點。他向我指出這些缺點，一個接一個，並且說他希望在他死後，我能夠改進這些缺點。他擁抱我，說我們早該彼此更加坦誠、更加真情流露，我深深吻了他的臉頰，然後便離去。幾天之後，他去世了。每當我回想起卡爾那張臉孔，我看到恩典的痕跡。

如果你好奇在哪裡可以找到上帝的恩典，就為自己找一位至關重要的朋友，一個期盼你能夠成為最好的人的朋友，一個膽敢指出你的缺點和失敗，然後在恩典中接納你全人的朋友。

另一個找到恩典痕跡的地方，是那些有恩典襯托的記憶。我再度回想起我的母親。她始終背負著她的羞恥，可是帶著一顆純淨的心，即或在羞恥之中，仍然能夠流露恩典。說來奇怪，恩典可以濾淨滿是羞恥的父母所留下的記憶。

我的母親一點一滴地用恩典餵養我。大部分在晚上；除了禮拜一和禮拜二之外，其他日子的白天她都不在家。禮拜一她會留在家裡，用一台不大合作的二手洗衣機，清洗四五個家庭的衣服。那是老式的洗衣機，你要先把衣服放進一個絞擰的滾筒內，然後再注滿熱水。我一放學回家，就會走到地下室。她的裙子都濕透了；頭髮被蒸氣弄得亂蓬蓬，垂在額頭上；她的臉發紅；她的背疼痛，而且不時地，在她不注意的時候，她的手會被卡在絞筒裡，令她發出疼痛的喘息聲。同一時間，她還要用眼角瞄著那個正在燒煮熱水的銅鍋，以及旁邊黑色鍋子在煤爐上烹煮著的棕豆。禮拜一於我來說絕不是恩典的日子。

◆

到了禮拜二，我中午放學回家時，母親會在廚房熨平她在禮拜一洗好的衣服。她站在熨衣板前，知道自己要做的事，而且行動信心十足；熨得整平的襯衫領子，是她生命中值得驕傲的事情之一。她為一件又一件棉質或亞麻質的衣服上漿。她穿著乾爽的棉質印花家居服，罩著灰色圍裙，頭髮向後攏成一束，我很高興這是禮拜二，而非禮拜一。我回到家時，她會在我旁邊坐下，我們一起吃午餐，她會問我那天早上在學校過得怎麼樣。禮拜二是恩典日，那是非常可愛的日子。

我母親對假日有一種像信仰般的看法，因為都是恩典日。在陣亡將士紀念日的早晨，我們會一起走幾里路到橡木墓園，種幾排三色菫，在我父親那沒寫上名字的墓前站一陣子。在國慶日早晨，母親會預備一個籃子，裝滿波隆那香腸和花生醬三明治，幾根香蕉，兩罐檸檬水，以及幾塊方形的黃蛋糕。她帶著我們五個孩子，沿著沒有人行道、交通繁忙的蓋提街閒逛，不斷地叫我們待在路邊以避免受傷，直到我們抵達公車站，坐上車，分別在兩處海灘度過一整天。一處是在大湖處，可以看汽球飛上天；夜晚來臨時，就到另一個小湖邊看煙火，對當時的我來說，那有如從天上而至的光輝。然後我們再次搭上公車，回到馬奎特鎮的蓋提街。

聖誕節早上，客廳裡會有一棵細長的綠樹，是母親在聖誕節前夕趁商品區打烊之前用特價買回來的。在我們都上床睡覺後，她用閃亮的金屬片和紅紙色帶將樹裝飾得華美無比。她把送給我們每個人的禮物堆在樹下，大部分是內衣和襪子；家裡情況好一點的時候，也送過洋娃娃、皮球、拼圖等，還試過一次機械「驚喜」——一架金屬飛機，飛機有著大紅色的機翼和螺旋槳，螺旋槳以連接到前輪

主軸上的橡皮筋驅動，當我在地上推動飛機時，螺旋槳就會轉個不停。永遠都會有黑色的襪子，裡面裝滿果肉厚實多汁的臍橙、爆米花球，以及聖誕硬糖。噢主啊，主！她真的讓我們的假日充滿了恩典。

有一次我和幾個年紀較大的孩子坐在一棵桑樹下，打算抽一下他們在路邊石縫隙撿到的煙屁股，結果我頭暈得厲害，很不舒服地溜回家。那天是禮拜二，因此我母親在家裡等我回來。當她聞到我身上的味道時，她說因抽煙覺得噁心的孩子都需要一個霜淇淋來撫平他的胃。她給我哥哥五分錢，叫他去雜貨店幫我買一個。

一年以後，我完成高中學業，但是成績並不出色，我擔心自己不能在大學裡取得成功，因此照著自己對學習的渴望，或許也有上帝呼召的因素，最後決定到芝加哥就讀慕迪聖經學院（Moody Bible Institute），因為他們會接受前途出路比較不那麼好的學生。離家的那天早上，母親和我一起走了兩英里路到市中心，我在那裡搭巴士到芝加哥。她和我一起等車，直到巴士倒車離開停車位，我看到她向我揮手道別，眼淚沿她的臉頰流下。

我的母親一直住在父親為她搭建、將近完工、搖搖晃晃的房子裡，那是父親三十一歲去世前，利用下班後的時間親手建造的。父親是個外行人，所以手工很一般。我們幾個孩子相繼長大、離家後，市區荒廢漸漸蔓延至那一帶，但是她仍然留在那裡。她從不評斷任何人，卻寵愛每個人，更被稱為糖果姨姨，因為她身上總會帶著糖果隨時送給小孩子，並恩慈地在鄰里間做了許多奇妙的事。

　　我最後跟她見面之後的一個禮拜，她過世了。就是那時候她告訴我她自己是個大罪人。我們為她籌劃了一個莊重的小小葬禮，只有家人和幾位朋友出席，我們預期大約也就是這些人會來和她這位名不見經傳、獨自生活在已經沒有熟人居住的街區中的寡婦道別。然而，嚐過她的恩典滋味的人比我們知道的要多得多，而且他們都來了，白人、黑人、那些我們在貧困日子裡的鄰居、後來生活改善了認識的鄰居、教會的人和從來沒有去過教會的人、非常貧窮的人和富有的人、兒童和老人家，還有她負責清潔辦公室的那間鑄砂廠的工人和老闆，他們成群結隊地來，而且每個人都說，他們之所以來，是因為我母親為他們沉重的生命帶來一點輕省。

　　我想，這足以證明恩典甚至連羞恥都能使之臣服的奧秘。

　　對於無法在父母身上找到恩典痕跡的成年人來說，最好的辦法就是尋找另一種形式的「家」，一個專注於向別人傳遞恩典的群體。

　　在田納西州的珀拉斯凱（Pulaski），也就是三 K 黨（Ku Klux Klan）誕生的地方。有一天下午，一位名叫喬治‧雷加斯（George Regas）的牧師打開辦公室的門讓一位女士進去，這位女士和鎮上一位頗有名望的人發生外遇醜聞，這事令全城哄動譁然。她無須告訴牧師她是誰，在珀拉斯凱，誰都認識她。

　　在公共場合，亞美蕾達（Amerelda）——姑且如此稱呼她——張揚得有如南方的羞恥復仇女神，而且是用最時髦的方式。她已經被循道宗的教會除去會友會籍，被丈夫休了。然而，她用使人畏縮的冷漠，披戴令她羞恥的「紅字」。

◆

然而，在那位年輕牧師的辦公室裡，亞美蕾達卻是個疲倦的靈魂，被沉重的羞恥感所壓。「雷加斯牧師，我不配得到上帝的愛，但是我非常需要祂。我願意做任何事來重新得到上帝的愛。幫助我，請幫助我。我好空虛。」他告訴她，她無法做任何事來重新得到上帝的愛，因為她從來不曾失去祂的愛。

亞美蕾達內心與恩典進行了一場慘烈的抗戰：她覺得所犯的罪太過卑劣，她的人格太過敗壞，不配領受恩典。雷加斯說：「不，不，事情不是這樣的。上帝會接納你現在的樣子。藉著祂的恩典，你已經感受到你必須感受的悲傷。」

亞美蕾達慢慢地讓自己被上帝接納，慢慢地在上帝給她的恩典中接納自己。她慢慢地讓那間教會的會眾所流露的接納進入她的靈魂裡，這份接納不會令人感到羞恥。在被眾人接納的感覺裡，她感受到上帝奇妙的話語：你被接納了。如果這個感到羞恥的女人，沒有在以恩典為根基的人所組成的大家庭中，在各人的臉上與上帝的恩典相遇，我想這位女士絕不能夠在田納西州的珀拉斯凱找到上帝的恩典。

當亞美蕾達沉重的羞恥感被恩典的輕省取代時，她成為一個向其他人具體呈現恩典的人。一九五七年，當三K黨在珀拉斯凱提出倫理議題時，亞美蕾達向她的黑人弟兄姐妹伸出恩典的手，像她被接納一樣地接納他們。這是恩典的定律。

建立在恩典上的教會，並非在施予廉價的恩典。他們呼籲罪人悔改，並且呼籲聖徒服事。而他們一直把恩典放在最前面，在舞台的正中央，隨著大幕拉起，恩典一直居於中心位置，直到落幕。

有時候人不是在教會裡找到恩典，而是在自己內心的墳墓裡，在自己的絕望中。絕望像地獄，我們在其中體會到上帝缺席的感覺。然而，就在我們覺得最孤獨的地方，祂可以找到我們；而當祂找到我們的時候，我們就會確切知道祂帶來恩典。

我說的是將我們埋葬在不配的感覺中的那種黑暗。一個覺得羞恥的人會滑進這個地獄裡，完全不知道自己正朝著哪個方向前進。我有過這樣的經歷——而且我在其中遇見恩典。如果我隨便寫下關於這個經驗的一兩個特徵，任何有過同樣經歷的人都能夠認出我所說的那種黑暗。

我想提醒你，那個時候我相信上帝，我的理智也相信恩典。我沒有屈服在罪的腳下，沒有可怕的罪深深纏繞著我。當時我感受到的是一份極重的不健康羞恥感，而那跟我的真實情況卻沒有什麼關連。

我覺得自己完全孤單、無助、失去活力。我嘗試達成、卻未能成功的理想是如此絕對又如此模糊，因此我的羞恥感也同樣絕對而又模糊。我沒有盼望，似乎有一股將會永遠困住我的黑暗將我拉下沉淪。

你會說，那只是一種黑暗的感覺。但是就羞恥這件事來說，令人傷痛的正是感覺。若是一個人未得醫治的羞恥感，超過他能承受的限度，而他決定順從他的感覺，他就會陷入多年來一直累積、但自己一直不敢去感覺的悲傷之中。那是為了失去的喜樂而發出的哀悼。他不是為了某些特定的事情感到難過；細節已經埋藏在他回想不起來的事件中。那無關緊要。重要的是，他終於感受到它。

這種悲傷會漸漸帶著他陷入更深的黑暗中，直到他幾乎感受到羞恥的全部重擔，以及他的恐懼：害怕自己是如此不可被接納，以致沒有人能夠接納他，或是可能接納他。

就在那裡，在最深處，我發現恩典的痕跡。不可思議的是，我的淒涼居然給安慰讓出路來。我覺得被擁抱，得著支持，被接納，被愛。直到後來，當我思考這件事時，我才明白我所經歷到的是從上帝來的恩典。我聽到這句話：你被接納了。我的感覺回應道：我被接納了。

我沒有聽到可以記錄下來的聲音，我的肉體沒有感受到任何感覺。但是我覺得自己被接納，而且不會被拒絕，我被擁抱，不會失落，我被愛，絕對不會失去愛。我一直認為，我經歷到的必然就是詩篇作者在寫下「我若在陰間下榻……祢的右手也必扶持我」之前的感受。

我要告訴你，「靈魂的黑夜」絕非屬靈的觀光勝地。我不會向任何人推薦這種經驗。但是如果你真的到了那裡，並且感受到羞恥的重擔，那麼上帝可能就會在那裡找到你；而當祂找到你的時候，祂會帶著恩典前來。

在耶穌的故事裡，恩典不是一絲絲的痕跡，而是全面展開。當我讀福音書時，耶穌用簡單而自然的方式，接納那些因為覺得自己不配被接納而心靈沉重的人，總是令我神往。耶穌接納那些稅吏和罪人—那些自認只配被會接納他們的人厭棄和拒絕，他們陷在從來無人勝過的泥沼裡，努力讓自己有資格被上帝接納。當上帝遇見他們時，祂沒有看他們的資格或調查他們的過去，祂只單單的說：你的罪被赦免了，你被接納了，平平安安地去吧。毫無疑問，我在耶穌的臉上瞥見上帝的恩典。

但是我要去哪裡才見到耶穌的臉呢？今天，在我的世界裡，在我行走的地方，在我認識的人當中，我在哪裡可以看到祂恩典的痕跡？

　　在我朋友的臉上、在我母親的臉上、在活著就是為將恩典傳遞給感到羞恥的人的臉上，我找到了恩典的痕跡。至少在我的生命中，我曾有一次在自己的隱密孤單中找到最清楚的痕跡，就像雷斯赫斯‧山普在州立監獄的墳墓裡，找到恩典一樣。

The
Lightness
of *Grace*

恩典的輕省

17.

Coming to Teems with Our Shamers

與 羞 辱 我 們 的 人 共 舞

我們無法挽救已經發生的事；
脫離這種困境的唯一方法……
就是饒恕的能力。

漢娜. 鄂蘭
Hannah Arendt

　　要醫治我們不應該有的羞恥，我們早晚必須接納自己內心對那帶給我們羞恥的人的感受。背負著不應有的羞恥感的人，內心對那些影響著自己的人，可能會有一份醞釀已久的怨恨。如果我們不醫治自己內心的怨恨，就會阻礙羞恥得醫治。

　　我們要如何醫治內心的怨恨？有一件事是肯定的：有人給我們帶來羞辱，這個事實深深刻印在我們的現實生活裡，沒有人能夠把它抹去，我們無法抹掉已經發生在我們身上的事。我們唯一能夠改變的現實，是我們的感覺。問題是：我們如何才能改變我們的感覺？

　　我所建議的醫治方法是不易做到的，就是饒恕。然而，到頭來這是我們唯一的解藥。饒恕以外的任何選擇都不能帶給我們任何好處。報復不能帶來醫治，只會讓情況惡化。遺忘也無助益，如果我們認為自己已經忘記，很可能只是把記憶埋在意識底下，讓它在那

裡潰爛，成為其他痛苦的惡毒源頭。此外，有些事情亦不應忘記。我們剩下的唯一選擇，是一反常規的做法，就是我們如何以恩典饒恕自己，也用同樣的恩典去饒恕那些羞辱我們的人。

　　饒恕很困難，這是我們必須知道的第一件事。第二件事是，往往因著饒恕得醫治的人，就是那個饒恕別人的人，而且有可能是唯一一個得著醫治的。第三件事是，當我們原諒一個人時，我們會發生以下五個場景。

第一幕 我們責怪羞辱我們的人

我們認為對方應該負責任。如果對方沒有為他自己對我們所做的事負責，我們就不會饒恕他們。或許我們會縱容他們，好像事情無關重要，或者會為對方找藉口，認為他們是不得已才做出那些事。但基本上，當對方為所做的事負責時，我們才會饒恕他們。

第二幕 我們放棄報復的權利

我們權衡個人的天賦權利——在此提醒你，追求公平的權利是我們唯一應得的——我們把它拿在手中，檢視它，考慮它的可能性，然後放下它。我們同意與傷痕共存，不進行報復。

第三幕 我們修正那羞辱者在我們心中的負面形象

當我們嚐到怨恨的滋味時，我們會在腦海裡品嚐它，就像舌頭上含了一片酸酸的喉片一樣。並且，當我們嚐到時，我們會在腦海為那羞辱我們的人繪畫一幅諷刺漫畫。我們把他變成怪物，他就跟對我們做的那些事一樣醜陋。我們看到他、感受到他；我們根據他

如何令我們蒙羞來定義他的全人。然而，當我們的思緒隨著饒恕的潮水流動，我們會漸漸將心中的怪物，變回對方現在（或過去）軟弱而不完美的形象，跟我們自己並沒有兩樣。

第四幕 我們修正自己的感覺

隨著怨恨的融化，憐憫會突破泥土表面。傷心與怒氣交融，同情融化了怨恨。我們會興起一股猶豫不決、卻期待對方幸福的渴望。

第五幕 我們接納那個令我們自覺不被接納的人

在最後一幕，我們將上帝給我們的恩典，給予那令我們感到羞恥的人。我們不但原諒對方，也接納他。我們接受他回到我們的生活中，成為人類大家庭中的一員。我們有可能無法恢復過去彼此的特別關係，但即使雙方無法和好，亦不是因為怨恨的緣故。

給那些想要饒恕羞辱自己的人
一些建議

饒恕是一次精密的靈魂手術。拙劣的手術可能比不做手術更糟，而拙劣的饒恕可能比不饒恕更糟。即使是善意的饒恕也很容易犯下一些常見的錯誤，如果我們能夠避免這些錯誤，或許可以免去一些不必要的挫折。所以容我在此提供以下幾點建議：

先試著理解

在我們急著饒恕之前，我們應該先試著理解。如果我們能夠理解我們的父母，他們對於自己的羞恥感也是無能為力而無法幫助自己，我們就不會責怪他們，也無需要饒恕他們。我們的苦毒會在憐憫的水流中被洗淨。當然，也有可能我們明白一些事情之後，接受令我們蒙羞的人一些軟弱，但仍然認為對方並不需要做那些事，也不明白對方為何要如此行；在這種情況下，我們唯一可行的途徑就是予以責備和……饒恕。

分辨你能夠忍受的事和
你必須饒恕的事

我們從父母那裡承受的大部分痛苦，並不是需要饒恕的那種痛苦。對不完全的人類而言，教養難以管束的孩子是一件艱巨的工作。再優秀的父母也會犯下惡劣的錯誤。沒錯，他們會做錯很多事情，但是撫養我們是一件沒有人能夠做得絲毫無誤的工作。我們經常令他們惱怒；我們挑戰他們的耐心，那是超過任何人的極限。如果我們的父母不時搞砸了為人父母的工作，他們實際上只是做出所有不完全的人都會做的事。

有一種被低估的人類特質，叫做寬宏大量，意思是有一個寬大的心靈，足可忍受那些不完全的人。在我們急著要饒恕之前，應該先試著發揮這項特質。

不要急

我們花了不少時間，將兒時的悲慘經歷滋養出長大成年後的羞恥生活，因此，可能也要花一些時間才能饒恕那些影響我們的人。不要期待在饒恕的那一刻，我們的羞恥就即刻得到醫治。饒恕要循序漸進，就像複利一樣，那是一種長期投資。

輕率的饒恕者在還不清楚局勢之前，就匆忙開始想要饒恕。他們把饒恕加諸於不需要被饒恕的人，或是太輕易饒恕別人，沒有讓對方負上應付責任。

最糟的是，輕率的饒恕者往往利用饒恕來支配其他人。易卜生（Henrik Ibsen）在其劇作《玩偶之家》（A Doll's House）中就清楚表達這一點。一個名叫托瓦德（Torvald）的銀行家原諒他的妻子諾拉（Nora）。為什麼？她做了什麼事？諾拉做的是：愚昧地積欠了一些債務，使自己陷入財務困境，讓對手能夠利用這種情勢，為她的丈夫帶來許多麻煩。

諾拉沒有把事情告訴托瓦德，但是被他發現了。看見自己可能陷入困局，他勃然大怒地質問她，並說自己不會和她離婚，會把她留在身邊，每天提醒她：他恨她。他會讓她留在房子裡，但是不允許她做孩子的母親。

幾乎就在他判決諾拉成為他財產的那一刻，托瓦德知道那個可怕的秘密會被隱瞞起來，他的事業得救了。他立刻饒恕了她。「真的，諾拉，我發誓；我完全原諒你了……一個男人知道自己原諒了自己的妻子，有一種無法描述的甜美和滿足感……」

什麼因素讓他覺得饒恕如此甜美？因為饒恕讓他得到對諾拉的全面控制，她的一切都屬於他。易卜生解釋：「這使得她加倍地成為他的財產，就像過去一樣……從某個角度來說，諾拉既是他的妻子，又是他的孩子。」

不要犯錯。急促的饒恕可能會成為最刻薄的騙人技倆。

不要等太久

如果我們等候太久，怨恨就會滲入我們人格的毛細孔中，會斷定我們的身分。我們的怨恨變成了我們，而不只是我們的感覺。它佔據了我們的大部分，以致放下它就意味著撕掉我們自我的一部分。

我曾經說服一個教會，承認不公平地解僱其牧師，在過程中令對方蒙羞。藉著罕見的恩典，這個教會承認惡待了這位牧師，並且請求他原諒他們。

這樣做很好，但是這間教會的會眾等了三十年。在這三十年裡，那位牧師的怒氣已經成為他的一部分：「我的怒氣持續了這麼久，沒有了它，我就不認識自己了。」但是他開始饒恕，再度重新發現他的真實自我。

要具體

我們的饒恕應該是動詞，不是名詞。要饒恕人的行為，不是饒恕對方這個人。我們要的是零售式的饒恕，而不是批發式的饒恕。饒恕一個人做的壞事，已經夠困難了；要饒恕一個惡行昭彰的人，幾乎不可能。即使上帝赦免我們，也不是因為我們的身分。祂赦免我們所做的事，然後接納我們這個人。

不要等待令你蒙羞的人悔改

如果令我們蒙羞的人披麻蒙灰地爬向我們，我們就會更容易饒恕對方。但是如果我們要等待他匍匐在我們腳前，可能要等到海枯石爛。如果我們一直等待對方來向我們道歉，我們就是把自己得醫治的這件事，交由一個可能永遠也不會前來說對不起的人來決定。如此一來，就發生了最糟糕的諷刺，我們把權力交給那令我們蒙羞的人，任憑對方妨礙我們，無法從他所造成的羞恥中得著醫治。

不要出於責任感而饒恕

我無法證明，但是我確信從來沒有人是因為責任緣故而饒恕一個人。記住，上帝沒有義務要饒恕。祂饒恕我們，只因為祂願意。我們也一樣，只有在我們想要饒恕時，才會饒恕。如果我們走到這個地步，恩典會帶領我們走完接下來的路程。

必要時先從假裝開始

首先，表現得像是你已經開始饒恕。假裝做一件事和確實開始做這件事之間只有一線之隔。當我們還不覺得想要饒恕時，我們可以先思想饒恕人的想法；在我們還無意饒恕時，我們可以先說饒恕的話。想法和話語可以滋潤枯乾的靈魂，而我們可能在尚未察覺之時，就跨過了假裝和實際行為之間的界限。

若是必須，沉默的饒恕就夠了

理想的劇本是要饒恕者前去找那造成羞恥的人說：「我饒恕你。」但是這樣做並不見得都是好主意。並不是每個人都有好好地把好事說出來的技巧。如果我們沒有用正確的方式去說，或在正確的時機說，或出於正確的原因而說，我們造成的傷害可能比什麼都不說更大。此外，你饒恕的對象可能還沒有預備好聽你說話。事實上，他可能永遠都不會因為你饒恕他而饒恕你，那麼你要如何自處？

有時候，只要我們做好饒恕的工作，就已足夠了，等到時機成熟時才訴諸言語。當時機來到，也許我們根本什麼都不必說。

————————◆————————

我最喜歡的人之一，是一位動人而美麗的女性，她用了半輩子的時間，相信自己又軟弱又醜陋。在她成長的過程中，她以為父親和全能神一模一樣。當她的「上帝」凌虐她時，她試著去相信那一定是她活該。只有當她開始感受到被信任的力量，相信她被恩典接納，她才敢於責備她父親所做的事。

致命一擊發生在她的仇恨爆發、衝破恐懼的外殼之時。她對兩千英里外的父親大吼：「我恨你，我恨你。你是魔鬼；你是怪物。我恨你。」說出這句話，她結束了饒恕這戲劇的第一幕。

這個女子很幸運。她的父親是個誠實人──並且悔改了。她正與他一起努力行走饒恕的道路，走在醫治的道路上。饒恕是一段旅程，有時候很漫長，我們可能需一些時間，才能走到完全醫治的終點，然而好消息是，我們在旅途中會一直獲得醫治。

當我們真心饒恕時，就能讓一名囚犯得自由，然後發現我們釋放的囚犯就是我們自己。我們走在恩典中，並且漸漸地學會跳舞。

◆

18.

Accepting Ourselves

接 納 自 己

（這是）……基督信仰的明確命令：
你必須用愛接納交託給你的人！……
你必須擁抱自己。

約罕尼斯．梅茲
Johannes Metz

　　經歷接納是得醫治的開始；接納自己是開始恢復健康的訊號。我們都想要接受自己，就和想被接納一樣迫切。但是自我接納究竟會帶來什麼結果？當我們終於接納自己時，我們應該會做些什麼？

首先我們必須明白，
接納自己和饒恕自己是不同的。

　　我們會原諒自己過去所做的事。我們接納自己這個人的一切。當我們饒恕自己，我們是在醫治自己內心的罪惡感；而當我們接納自己，我們醫治的是個人的羞恥感。饒恕自己是在接納自己的過程中所做的預備工作。

　　當我們饒恕自己時，基本上我們做的和饒恕他人時所做的一樣：

◆ **我們要求自己為所做的事負責。**

◆ **我們放棄懲罰自己的需要。**

◆ **我們修改對自己的認識；知道自己是軟弱又不完全的人，因此我們可以憐憫自己，以此平衡內心對自我的審判。**

◆ **我們修改對自己的感覺；我們是失敗且負責任的人，我們也是有價值、被恩典接納的人。**

◆ **我們朝著與自己和好的路前進，或換個說法，是朝著接納自己前進。**

從這段摘要，可以看到自我饒恕鋪設了通往自我接納的道路。因此，我們已經準備好繼續進行眼前的工作：接納自己。

我傾向把接納自己解讀為擁有個人生命的主權。「主權」為這詞語加添了一點力量，它暗示接納自己不只是對自己感覺良好而已。當我們執掌我們個人生命的主權，就如同是接受一份全職工作。

我要提出四個方面，讓我們能夠真正擁有自我：

◆ **擁有組成我們天賦的材料；我們要負責任地善用與生俱來的每樣天賦能力，建造美好生命。**

◆ **對於向公眾開放自我底下的那個陰暗自我，我們責無旁貸。**

◆ **對於所擁有的自我，我們感到自豪。**

◆ **對於所擁有的自我，我們感受到一些喜樂——這件事非常重要，我要把它保留到最後一章再談。**

在我們探討這四個獲得自我主權的方法之前，容我提醒你：我們想要擁有的是哪一個自我。

我在本書多處指出分別有三個自我：我們的真實自我，我們的虛假自我，以及我們的實際自我。

真實自我是創造者為我們創造的原來自我。虛假自我是其他人要求我們成為的組合自我。但是恩典允許並讓我們能夠接受的自我，就是我們在此時此地的實際自我，在平凡、有時污穢、往往痛苦的日子裡生存的自我。

我們的實際自我存在於兩個層次：

可見層次：我們用生命寫下的故事，由過去和現在的章節組成。

進深層次：指我們的內心深處，有個人的動機和渴望、內心的驅動和傾向彼此互爭，還包括所有埋藏在我們潛意識自我中的一切事物。

當我們在這兩個層次上都擁有實際自我時，羞恥的醫治就完成了。現在我們來談談擁有自我的四個方法。

1
我們擁有組成
自己天賦的材料

我們的基因銀行帳號，為我們提供建立生命所需要的基本天賦材料。我們得到一組基因建築原料，這是我們唯一能夠得到的材料，只能接受，不然就放棄。然後我們被賦予特定的家庭環境，我們的故事必須由此開始。我們被丟進這個家庭裡，沒有否決的機會。其餘的完全要靠我們自己。

有些人得到卓越的基因，獲得不公平的優勢，又沐浴在肯定的家庭之愛的氛圍中。有些人卻在這兩方面都先天不足：繼承的基因不良，又在家庭虐待的腐敗氣息中幾乎窒息。大部分人得到的是好壞參雜的條件。

我們獲得的天賦原料或許令我們處於不公平的劣勢。就拿我的兒子約翰為例，因著兩個人在一次無心之愛的行為中給了他天賦材料；在激情的頂點，他們把他帶進到這個世界；而在這個過程中，他們把一種罕見的基因，以及目前無藥可治的血液疾病放在他裡面。他們只有千萬分之一的機會遺傳這個基因，但是他們卻輕而易舉地觸發了這個機率。

然後，在約翰出生之前，他的生母把他交給我們，作為他成長的家庭環境。我們提供他環境：給他住處、名字、家人、信仰、道德環境，以及我們的愛。他完全沒有機會選擇他的基因天賦，或他的成長家庭環境。

對約翰來說，要擁有他自己，他必須先擁有這一生他唯一能夠獲得的天賦材料。擁有了這些天賦材料，他開始為自己建造一個美好的生命。

　　我自己的天賦材料給我一個優勢。我有幸成為五個孩子中最小的一個。在我出生時，我的父親去世了。我的大哥和大姐，儘管他們和我一樣有天分，甚至可能比我更應該得到栽培，卻不得不在大蕭條期間早早輟學。我姐姐只讀完八年級，然後在那樣的環境下，什麼工作都得做，幫忙養活我。

　　成長過程中，我不需要照顧任何年幼的弟妹。我有機會摸索著進入更高等的教育環境，這是一個附加福利，至今我仍受益，只因為我是最小的一個孩子，而不是長子。這些都是我獲得的天賦材料，而且，正如約翰必須用勇氣接受他的天賦材料一樣，我必須以感恩的心來接受它。我們每一個人都只能用我們被給予的天賦材料，善用它來盡一己之能。

　　之後，偶爾我們可能會被無法控制的力量——可能是邪惡的力量——強迫進入一個環境中，此時我們必須決定，是否要在一個不是由我們選擇的生活環境中擁有自己。不時會有人因著極大的恩典，可以擁有自己生命的主權，令其餘的人大為吃驚。

　　艾堤‧希利森（Etty Hillesum）就是這樣一個人。艾堤是個年輕的猶太女子，年方二十七歲，以她的猶太血統為傲，深愛上帝，而且沉醉於福音教導。就和其他人一樣，身處在一九四一年至四五年的荷蘭阿姆斯特丹，她被納粹畫出來的死亡圓圈所圍困。艾堤決定不躲藏；她不願意逃離和家人、朋友一樣的命運。但是她必須等待，在她等待納粹把她塞進車廂、送到奧斯威辛集中營的時候，她接受了自己，接受她的內在自我，以及她的環境。

一九四一年十一月的一個禮拜二，艾堤一邊騎腳踏車，一邊跟上帝說話：「我願意接受所有不可避免的喧囂和掙扎……我願意跟隨祢的手帶領我去的任何地方……我願意讓自己一再地面對可能的不知所措，好獲得最大的確信。」

當滅絕猶太人的行動在一九四二年變得越發猖獗時，艾堤內心的確得了確信：

> 那很好，這樣新的確信，知道他們的目的是將我們完全滅絕，我接受了……生與死，悲與喜，我腳上的水泡和屋後的茉莉花，迫害，無法言喻的恐怖——在我心裡都是同一件事，而我全盤接受……我已經接受生活……有趣的是，我不覺得我在他們的掌控中……我不覺得在任何人的掌控中；用誇張的說法就是，我在上帝的膀臂中覺得安全，而且……我永遠都能夠靠自己的雙腳站立，即使我所站立的是最嚴苛的現實中裡最堅硬的土地。

我向你保證，這是在一個接近昇華的層次上擁有自我：艾堤越能接受環境，越不覺得自己是環境的俘虜。然後我提醒自己，艾堤是個熱情、異類的年輕女子。她對抗自己心中的惡魔，並且決定在恐怖的大門裡，將內在的生命活到極至。生活在那個別無選擇的環境裡，她擁有自己奇妙的生命，而她擁有的方法就是將環境視為上帝的禮物並接受它。即使敵人在一九四三年十一月三十日將她拉到奧斯威辛集中營處死，她仍然擁有自己的生命。[1]

---

*註1 **艾堤有一本日記，在她死後四十年出版，書名是 An Interrupted Life (New York: Pocket Books, 1985)。**

◆

　　恩典不是為了讓我們浪費精力去對抗那被賦予不夠好的天賦材料，或是不願意停留的環境以及上帝的意旨中。恩典不是讓我們更容易接受那些無法接受的天賦材料或生命的悲劇環境；但是如果我們相信這世上有像艾堤‧希利森這樣的人的經歷，就會知道靠著恩典，我們或許有可能較容易接受這一切。

2
我們認知
自己內在的深淵

先前我們談到，恩典是上帝接納我們全部的自我。現在則要談到恩典是指賜給我們的能力，讓我們能夠擁有那黑暗、有時候令人害怕的內在深淵。

我要提醒你，我們不需要對於那些卑劣的事情感覺良好，才可以做到這件事，但是我們必須承認它們的存在，擁有它們，視它們為自我的一部分。恩典給了我們一份許可：如果上帝全然接納我們，包括光明、黑暗，以及陰影部分，祂就允許我們接納全部的自己。

我們把不敢去感覺的悲傷和喜樂，全都塞進內在深淵裡。我們的深層自我推擠著表面的自我，要它朝著不敢前往的方向走：想要勒死父親，希望岳母死掉的黑暗願望，砍下老闆腦袋的衝動，渴想不容世人的性愛冒險，逃離必須身為負責之人的渴望，甚或尋死的冀盼。這些傾向都來自於真正的我們，是真實的一部分。我們需要很大的恩典，才能接受它們是我們的一部分。

在心靈深處也有一些偉大之處，卻是一些人不願意擁有的。內裡有許多柔情和溫柔的天使，我們一直將其隱藏在心靈的深處，例如一些感覺。對什麼事情的感覺呢？誰知道！什麼事都有可能。溫和的感覺、浪漫的感覺、受傷的感覺，可能會爆發變為狂喜的感覺，可能是讓淚水崩堤的感覺。許多人將感覺壓制在表面之下，就像垃圾壓縮機把居家的垃圾壓縮在廚房碗櫥後面一樣。

　　我們害怕心碎。我們擔心若是放任讓深刻的感覺進入我們的知覺，我們會失去控制。但是我們不能透過否認來抹除那些陰影；它們依附於我們，就和蜥蜴的尾巴一樣。事實上，當我們允許自己去擁有它們、接受它們是我們的一部分時，我們將會得到極大的喜樂、痛苦與完全。

　　站立在恩典之上的人，敢於擁有任何傾向、驅動力、悲傷、喜樂，以及任何可能出現在靈魂地下室的衝動。他們知道，在自己有意識或無意識的自我中，沒有任何東西能夠使得他們不被上帝接納。恩典讓我們能夠承受對自己的認識。

　　不要忘了，透過擁有我們自己的內在深淵，我們也將一直否認的、關於自己的美好部分釋放出來——釋放它們，讓它們呈現在光明中，我們可以享有它們，並為它們向上帝獻上感謝。

3
我們擁有自己的尊嚴

　　羞恥和尊嚴是我們對於自己的對立感覺。羞恥是覺得不配、不被接納的感覺，就是失去尊嚴。當羞恥得到醫治時，我們就會尋回尊嚴。

　　我的母親無法忍受任何形式的尊嚴。她無法忍受擁有偉大計劃的窮人擁有自尊，無法忍受自大的富人擁有自尊，也無法忍受一些人自滿得意的樣子。

　　我進入高中時，是個超過六呎的骨架子。我走路時常會彎腰駝背，好讓自己細長的身體看來可以矮個一吋。有一天，教我演說的老師注意到我，帶我到一旁。「路易斯，」她說，眼睛向上移，與我的眼光相遇。「你很幸運，能長這麼高。抬頭挺胸走路，要為你的身高感到自豪。」我立刻不再彎腰駝背，開始抬頭挺胸。當我昂首闊步地回到家，我母親看見了：「噢，路易斯，路易斯，路易斯，你走路時一定不可以這麼自負的樣子。」

　　我母親抗拒自信滿滿，因為謙卑比較安全。

**倒下的人不需要擔心跌倒，
低微的人不會驕傲。
謙卑的人永遠有上帝做他的引導。**

本仁約翰（John Bunyan）的虔誠詩作，正表達出我母親的心態。寧可保持低調，這樣就沒有跌倒的空間。她對自尊自傲的恐懼，乃是她的羞恥感所發出的顫抖。這也正好回應基督教的教導，驕傲是七大罪中最惡劣的罪，也是我們所有問題的起點。

然而我熱切地告訴你，拯救我這樣罪人的奇妙恩典鼓勵我們要自傲。怎麼會如此？原因如下：隨著恩典而來的驕傲跟敗壞之前的驕傲截然不同。

敗壞之前的驕傲，是希臘人所謂的 hubris，我們稱之為傲慢。那就是我母親所說的自大。聖奧古斯丁的說法則是「過度的自誇」──無節制的自尊。找一個狂妄自大、輕視別人、自負、不懂裝懂，把你的生活弄得一團糟的敗類，你就明白傲慢的傢伙是什麼回事。

傲慢有三種基本的型態：能力的傲慢、知識的傲慢，以及道德的傲慢。

- **具有能力的傲慢人，認為他的能力賦予他權力，可以用他的能力去做他想到的任何事。**

- **具有知識的傲慢人，認為他知道所有的真理，在他頭腦裡的一切都是真理，任何與他的真理衝突的都是謊言。**

- **具有道德的傲慢人，認為自己是上帝的道德模範，任何生活方式與他不符的人，大有可能是生活在罪中。**

奇怪的是，傲慢往往是由羞恥而來。有羞恥傾向的人很容易傾向過度補償，假裝他們不但可以被接納，而且比任何人都更值得被接納。但是，正如尼布爾（Reinhold Niebuhr）教導我們的，驕傲自負的人絕對不會完全相信自己的謊言。他懷疑自己的驕傲，而且他越懷疑，越會炫耀他感到傲慢的東西。

然而，有一種健康的驕傲伴隨著恩典而來。一個經歷過恩典的人知道自己是什麼人，知道自己擁有的都是上帝所賜的，因此當他覺得自信滿滿時，就會同樣的生出感恩之心。我們可以如此分辨缺乏恩典的傲慢，跟以恩典為基礎的驕傲是有分別的：傲慢是不存感恩的自負表現，認為自己是上帝；而恩典為本的驕傲則充滿感恩，感謝他的上帝。

建立在恩典上的驕傲會帶來一份興高采烈，特別是對於我們完成的事。當我們覺得興高采烈時，我們不得不分享這種感覺，我們必須告訴其他人，好讓他們分享我們的驕傲。

在一個第一次綁好鞋帶或翻筋斗的孩子身上，我看到這樣的興高采烈：「媽咪，媽咪，你看！你看我。媽咪，不要說話，快來看我。」我想上帝在創造美好的世界之後，所感受到的就是和這孩子一樣的感覺。當上帝看到自己所造的何等美好時，祂就創造了能夠和祂分享這份自豪的人。優秀是需要掌聲的。

當我們分享他人的成就時，我們心中也會感受到驕傲。這就是父母和老師專屬的驕傲。那就像父親看到兒子打出一個右外野高飛球時心中的驕傲，他會戳著鄰居的肋骨，跳上跳下地大叫「那是我

◆

的孩子，那是我的孩子」！或是站在天堂門口吟唱聖詩的老師，看見自己教過的聽障學生第一次說出自己名字時所感受到的驕傲。

　　我的朋友尼爾‧華倫（Neil Warren）曾經告訴過我，他在孩提時代如何驕傲地看著他的父親帶領會眾獻唱詩歌。他父親威風凜凜地揮舞雙手，鼓勵信徒高聲讚美上帝的景像，令小小的他狂喜。有一個禮拜天，小尼爾的驕傲緊緊抓住他，讓他離開和母親同坐的椅子，徑直地走向講台。他跳到講台上，容光煥發地和他的父親一起站在全教會的面前，彷彿說：「這個偉大的人是我的父親。」他伸出左手臂，環繞他父親的大腿，右手像他父親一樣滿有權威地畫著圈，僅僅落後半拍，因為分享著父親的驕傲而欣喜若狂。

　　另外一種恩典的驕傲，是來自於比我們更大、更好的事物的榮耀——或許是一個主張，一個家庭、一個國家。使徒保羅以福音為榮，期待他人能夠因為他向世界宣揚福音而以他為榮，他所感受到的就是這種驕傲。[2] 當希特勒試圖透過強迫猶太人在袖子上配戴黃色的大衛之星來羞辱他們時，阿姆斯特丹有一個人在他的毛衣正前方縫了一個巨大的金星，他挺胸凸腹、昂首闊步，從德國士兵的面前走過。

---

* 註2　哥林多後書 1:14

———————— ◆ ————————

　　在這章結束時,我只想說當我們獲得接納自己的自由時,我們就可以確定我們的羞恥感已經得到醫治。接納自己很困難,這不是一次就可以完成的醫治,比較像是一段漫長而奇妙的通道。當我們承擔責任,用我們被賦予的天賦材料來書寫我們的生命故事時,我們就接納了自己。當我們接受自己的內在深淵,縱使底下的東西令我們驚懼,我們仍是接納自己。當我們因為善用生命完成被託付的事情,無論是一小片還是全面,都能滿有感恩的驕傲,我們就接納了自己。這些都是構成自我接納的要素,是為了讓喜樂出現而做的暖身運動。

◆

19.

Living Life Lightly

輕 鬆 過 生 活

我必須擁有清晰的頭腦，
我必須學習接納自己。
我心裡的一切都感覺如此沉重，
我好希望能夠覺得輕省……
我是個快樂的人，而我真的珍惜生命，
在主曆一九四二年，
戰事不斷的那一年。

艾堤．希利森
Etty Hillesum

　　羞恥是沉重的，恩典是輕省的。羞恥和恩典是人類靈魂中的兩股相對力量：羞恥令人沮喪沉鬱，恩典令人生命飛揚。羞恥就像重力，會將我們的心靈向下拉。恩典就像浮力，是對抗重力的心靈力量。如果我們的屬靈經驗不能令我們的人生變輕省，我們就沒有經歷到恩典。

　　恩典在幾個方面讓我們的生命輕省。我邀請你在這一章中，和我一起思考其中幾點。

1
帶著不健康的羞恥感
輕省過活

　　不健康的羞恥感是我們不應該感受到的羞恥，它是虛假自我偽裝成真實自我對我們發動的攻擊。再重溫一次，我們的虛假自我就是我們努力去成為的那個自我，好讓我們能夠被世俗的文化、冷漠的宗教和拒絕接納我們的父母接納。由於對我們發動攻擊的這個自我是虛假的，因此它的信息也是虛假的。如果我們繼續弄不清上帝要我們成為的那個自我，跟其他人期望我們成為的自我有什麼分別，我們就會不斷地背負著跟事實不符的不健康羞恥感。

　　恩典是我們人生最終的保證，讓我們知道虛假的自我毫無合法性，它傳遞的羞恥信息對我們也毫無威脅。我們只要用一句話就可以否定它：我是被恩典接納的。我們可以拒絕它，我們可以拒絕聽它的聲音。我們可以永遠除去它對我們的影響。

　　不健康的羞恥感就像一個硬殼，我們必須把它敲碎，才能找到裡面的美好。它也使我們無法擁有在我們裡面的陰暗和醜陋。恩典給我們勇氣撬開這個硬殼，看到裡面的美女和野獸。

　　一旦我們知道自己不可能不被接納，我們就不再懼怕會被那些以不健康羞恥感打擊我們的人拒絕。我們會敢於追溯錯誤羞恥感的源頭，即使最後會帶領我們走到白己父母那令人驚恐的大門前。我們可以說出來，或許可以饒恕他們，但也會明確地宣告我們不再受他們轄制。我們可以直視他們的臉，然後很高興地知道，他們再也不能用我們懼怕了大半輩子、但其實沒有必要害怕的拒絕來要脅我們。

　　我們可能需要專業的幫助，才能找到造成我們錯誤羞恥感的人。知道錯誤羞恥感的源頭後，也可能需要幫助，才能除去錯誤的羞恥感。但是敢面對造成我們羞恥的人，打開眼睛看到這種羞恥感的不妥之處，是擺脫錯誤羞恥感的第一步。這種勇氣的源頭就在奇妙的恩典裡。

2

帶著健康的羞恥感
輕省過活

記住，健康的羞恥感是真實自我的呼聲，是我們為了成為比現在的自己更好、真正要成為的那個人而要付出的代價。它也是一個訊號，代表了我們仍然和更好的自我有一段距離，因此才感受到彼此分離的痛苦。

對羞恥感免疫，就是失去了人性中比較好的那部分。恩典的果效不是消除健康的羞恥感，而是消除它的威脅，這個威脅就是被拒絕的可能。一旦恩典消除了這種可能性，羞恥帶來的痛苦就比較容易承受。

讓我做一個比較。假設你非常肯定，你對任何形態的癌症都完全免疫。如果你知道癌症不能侵入你的細胞，你就不怕去感受胃裡的疼痛、骨頭裡的疼痛、身體任何地方的疼痛，因為你知道自己不會受到癌症造成的慢性死亡的威脅。你對癌症的免疫力不會使你免於痛苦，但是如果你確定自己絕對不會罹患任何癌症，你就會用輕鬆的心情尋找疼痛的原因，並找出治療的辦法。

恩典與健康羞恥感的關係，就和對癌症免疫與肉體疼痛的關係一樣。感到羞恥必然是痛苦的，但是恩典將拒絕的威脅除去，正如對癌症免疫可以消除死亡的威脅一樣。透過這個方式，恩典給我們力量，帶著沒有人能完全免除的健康羞恥感，過輕省的生活。

◆

3
以真實的自我輕省過活

以恩典為生命根基的人，將更好的自我視為自己要成為的自我，即使在每天的生活中總是距離標準差了一點點，亦不改其初衷。

在基督信仰的恩典經驗中，有人甚至敢以基督作為自己真正的內在自我。保羅就是這樣：「現在活著的不再是我，乃是基督在我裡面活著。」[1] 他把那個符合宗教要求的虛假自我，換成基督在他裡面的屬靈同在，並且勇敢宣稱那個內裡同在就是他的真實自我。

是妄想嗎？我不這麼認為。有風險，沒錯；在病弱的思想中，這可能變成一種誇張的幻想。但是當保羅說基督是他的真實自我時，他的意思是耶穌是自我的典範，是保羅絕對無法真正達成的樣式。

我們需要勇氣才能把基督的自我，認同為我們的真實自我，因為我們可能無法達到標準而加增自己的羞恥。但是當我們真的因為未能達到基督自我的標準而感到羞恥時，恩典會散發出屬靈的能量。首先是信任的能量：我們相信我們的真實自我跟基督自我之間的差距，絕對不會導致我們被拒絕。接著是盼望的能量：被我們視為真實自我的基督自我，是我們能夠（盼望）成為的自我。這些屬靈能力的洪流釋放我們，當我們在通往真實自我的路上走走停停時，一點一點地推動我們。

＊註1　　**加拉太書 2:20**

4
在我們的不完全中輕省過活

我的朋友告訴他的妻子，她是最完美的不完全模範。他對「不完全」這個美德有很清楚的認識。

「不完全」是能夠變得更好的好人的記號。感受到我們的不完全，就是感受到我們潛在的能量──讓我們從現在的樣式，朝著我們裡面理想樣式得以進步的催促力量。不完全並不是罪的工價；它是我們的有限所給予的禮物；正如成為花朵之前先做花苞，是大自然的禮物一樣。

記得史坦‧穆西爾（Stan Musial）嗎？幾乎學打棒球的人都不會反對他是聖路易教士隊最優秀的外野手。穆西爾有本領在每次上場擊球時都擊中球，他確實有這樣的天賦，但事實上，在他的棒球生涯中，大約有七千次擊球都失手，成功擊球的只有大約三千次。簡而言之，他有三分之二的時間是失敗的。對一個大聯盟的棒球選手來說，這個數字說明了完美的不完全。

以恩典為根基的人即或有不完全之處，仍然活得輕省，因為他們把自己的不完全視為感恩的理由，並且為了身為潛力無限的有限受造物而心懷感恩。

5

在批評中輕省過活

　　每個人都希望在批評者的口中得到好的評語。恩典不會把我們變成在情緒上感覺遲鈍的人，臉皮厚到任何負面批評都無法傷害我們。恩典讓我們免於盲目地追求他們的肯定，並在無法得到肯定時，有力量讓自己不致感到羞恥。

　　對於背負著不健康羞恥感的人而言，批評是很可怕的。批評如此眾多──母親（在世的，還有去世後仍然長久停留在我們腦海中的）、我們的孩子、老師、同事──大量的批評；而不健康的羞恥感會創造出渴望從每一個批評獲得讚賞的貪婪。

　　以恩典為基礎的人會泰然面對批評。

◆

新約聖經有一段經文，說明如何做到這件事。希臘城市哥林多有一些批評者威脅要羞辱使徒保羅，而保羅告訴他們，他不會讓他們得逞。保羅如此說：

「我有工作要做，而對我的要求，是要我盡己所能地忠心。我不需要取悅你們。因此你們，或是其他任何人，對於我工作的方式有什麼看法，對我來說無關緊要。事實上，我甚至連自己的批評都不大在意。唯一真正重要的是主對於我所做的事，以及我如何做這些事的看法。」[2]

我喜歡這種態度，而我之所以喜歡，是因為使徒並不是說自己不怕批評。他只說他不會被批評他的話羞辱。

大約十年前，我決定轉行做其他工作。當時我在一所學校教書，那所學校期待老師撰寫學術著作，好能藉此誇耀學校的學術成就。但是我檢視自己的恩賜，認為最好把我的恩賜用來寫一些學術界以外的人會看的書。

我的一位同事——一位我最尊重的批評者——告訴我，我離開學術高地的決定是一種羞恥。在我那些帶著羞恥感過活的年月裡，他的批評讓我覺得非常沉重。但是當我更加倚靠恩典時，我發現我可以輕鬆地面對這些批評。我對自己說：「你對於我所做事情的看法確實有點重要，但是不多。我不會因為你的批評而感到羞恥。」

---

* 註2　**哥林多前書 4:2-4**

◆
246

　　保羅還面對另一種批評——他對自己的批評。他對自己的批評態度，就和他面對外來批評的態度一樣。「我甚至連自己的批評都不大在意。」這句話的意思是，當他因為自己做的某件事而指責自己時，他不會因為自己是那樣的人而感到羞恥。

　　秘訣是什麼？就在保羅的結論裡：「唯一重要的是主對我的看法。」

　　主？看見萬事的主？好探聽的探子？尼采宣稱為「妨害公共利益者」的那一位？是的，主是我的審判官。

　　主是那位無論批評我的人覺得我有多麼不配被接納，都用恩典接納我的審判官。恐懼已經消失，羞恥亦隨之而去，而沉重也隨著羞恥感消散無影。

———————◆———————

　　在這一章裡我不斷提到，恩典會為任何因羞恥而感覺沉重的人帶來輕省。恩典帶來的輕省，並不會除去所有把心靈向下拖的沙袋。它之所以能產生輕省，是因為挪走一個非常沉重的因素——身為一個不被接納之人的焦慮所帶來的沉重。恩典除去健康羞恥感的內在威脅，給我們勇氣，找出不健康羞恥感的源頭，明白那是自己不應該感受到的痛苦，並採取行動，徹底將之從我們的生命中除去。恩典釋放出生命中最輕省的感覺—被接納，完全、毫無保留的被接納。

20.

The Return of Joy
喜樂重返

在每一個真實的人心中，
對生命的期望也是對喜樂的期望。

卡爾．巴特
Kurl Barth

　　恩典看來太過難以預測、太慷慨、太過美好，叫我們很難對它保持清醒客觀的態度。對於如此毫無保留的慷慨，叫人禁不住饞涎欲滴、要用舌尖翻動它，在喜樂中細味它；除此以外，還能怎麼樣？

　　當一位朋友告訴我她愛我，卻沒有什麼特別原因的時候，我嚐到恩典的滋味。當我的左腳照著我所吩咐，去到我要它去的地方時，我看見恩典。當我深深吸一口新鮮不帶煙霧的空氣時，我感受到恩典。當我愛了四十年的女人對我低語、撫摸我，要我移到床的一側，好讓她可以蜷曲在我身邊時，我嚐到恩典。當我想到這世上一切會思考的腦袋、有感覺的心、能說話的舌頭、會走路的雙腳；這一切都在我身邊熙來攘往，就在這巨大宇宙裡的一個小小星球上，而這個宇宙本身又與其他數以兆計、（顯然）沒有生命的宇宙一起飄浮著，一想到這是幾近不可能的奇異之事，我便感受到恩典。

　　我接受一個事實，叫我能夠快樂地嚐到恩典的滋味，就是知道我是照著自己的本相被接納，包括我內心的巨魔、惡魔及天使，我錯誤的過去，我不堪一擊的美德；而我是所有混雜在一起的結合體。我雖然不應得到這個宇宙的創造者和守護者的接納，卻又同時配得。

　　這就引導我們來到接下來的重點：稱為「喜樂」的這種感覺，

是羞恥的最終另一選擇。我們的命定是喜樂而非羞恥。難道我們不是透過某種直覺，知道何謂喜樂？那不就是感恩的狂喜嗎？不是高興，不是幽默，不是嗑藥後的飄飄然，而是單純、簡單的感恩，深深地感受到，直入骨髓；這不就是喜樂嗎？

　　喜樂通常會在頃刻間臨到我們。我的兒子因為嚴重的背痛而必須臥床三個月，然後又因為失去摯愛而心痛。之後他打電話給我，他打電話來，告訴我他終於得到一個從不敢期待的晉升機會，是他一直非常渴望的；我剛完成了一個花上數個星期都無法結束的章節；我的小女兒失蹤了三個小時，然後我收到從幾個街區外打來的一通電話，告訴我女兒正在她家的客廳看電視；醫生打電話來，說妻子左胸上的腫瘤是良性的。

　　但是有些時候，即使腫瘤不是良性的，我們沒有把事情做好，喜樂仍會到來。當我們失去最渴望的東西，卻發現什麼才是我們最需要的而有喜樂來到。對我來說，我所記得最深刻的喜樂是當我失去了最渴求的新生孩子而哀痛。我無法解釋正當自己打算將悲傷囤積起來，不希望隨著時間逝去而沖淡心中的哀痛，喜樂卻倏忽湧至我心中。我只知道，在我最不想感覺喜樂的時候，它卻臨到我身上，就像一股希望的巨浪，讓我知道儘管生命有不堪的時候，活著已是美好，知道一切都是恩賜——我的妻子、我的朋友、我的兒女、我的工作、我的所愛、我的渴望——全都是極好的禮物。噢，它閃爍不定，一下子在這裡閃亮，一下子在那裡，持續一兩個小時，然後又消失。但是喜樂它確實來了，而且當我以為它必定已經永遠消失時，它卻仍然不斷地不時出現。

對喜樂而言，沒有所謂最好的時機。我們心碎的時候，或許就是它今天出現的唯一時刻。喜樂並非修復破碎；喜樂是將碎片黏聚起來。

當一個人回顧一生，回想起自己如何善用看來無啥用處的天賦材料，以建造生命；回想起自己如何在過程中失敗，有的時候又可能耗盡擁有的材料。然後終於有一天，接受了所擁有的天賦材料，並且發揮它們的作用，也接受現實，知道自己的一生都在上帝的恩典中獲得完全、被樂意的接納，此時喜樂也會臨至。

有時候我希望自己能夠讓喜樂的巔峰持續不停。我想要捕捉轉瞬即逝的狂喜，將這份感覺延展到我活著的所有時刻。然而，喜樂似乎只是偶爾出現。

有一件事是肯定的：惟有當我們預備好自己，喜樂來臨的時候，我們才能感受得到。

我們無法創造喜樂。當然我們亦不會因為別人叫我們要喜樂，就能變得喜樂。喜樂不能用電腦程式製造出來。如果我們無法開啟喜樂的門，就會拒絕讓它進來。

如果我們容許一些關於喜樂的迷思生根，讓其侵蝕我們對於何時及如何可以擁有喜樂的想法認知時，就是關上那道通往喜樂的大門。要讓自己對喜樂保持開放，我們必須不時查驗自己是否有迷思，看看我們賴以存活的迷思是否奪走我們感恩的心。

　　我會逐一審視六項迷思，它們一而再地讓我體會不到喜樂。我會用自己如何重享喜樂的事實來反駁每一個迷思。你可以對照一下，甚或加上一兩個屬於你自己的迷思。

迷思

如果你想要喜樂，你必須去贏得它。

事實

如果你必須贏得喜樂，你就永遠不會喜樂。

　　這個迷思毀了一些人的生活。每當一點點喜樂的感覺在心中蔓延開來，他們就會被那早已離去的父親或母親留下的話所打擊，說他們不配擁有任何令他們感受到喜樂的事物，那份喜樂當下就消失無蹤。

　　事實是，我們從來無法用己力贏得令我們感到喜樂的禮物。回到最基本的原則：喜樂就是感恩。我們只會為了禮物而覺得感恩，而禮物是我們得回來的，不是贏得的。但是記住：一份禮物之所以為禮物，不只是因為你沒有任何付出就得到它，也不會因為透過免費給你東西來收買你。真正的禮物絕對不會讓接受者欠下人情債。真正的禮物單單是為了讓人喜歡。

　　一個訣竅是要記得即使我們不應該得到禮物，我們卻是配得。如果我們被造而覺得自己不配得到禮物，那麼禮物就會令我們感到羞恥。但是立足於恩典之上的人，深知道並且感受到自己配得到那本不應得的禮物，而這份禮物也永遠無法靠己力贏取回來。

◆

254

迷思

到頭來，我們得到的是自己付出代價獲得的東西。

事實

到頭來，我們得到的是我們無法償還代價的東西。

　　現實中，我沒有為自己正吸入的空氣付出任何代價，或是那讓我的心臟繼續跳一千萬次、一拍都不漏的神祕能量；我沒有為我手中的時間，或是妻子用柔軟的手指在我手背上溫柔的觸摸付出一毛錢，亦沒有為動聽的莫扎特樂曲付出一分錢。

　　最重要的是，我沒有為恩典付出任何代價，這恩典感動上帝來接納我，並向我保證祂所知的一切關於我的事，都不能讓祂不再接納我——我做的任何事，我沒有做成的任何事，都不能讓祂收回祂的恩典，單單給我應得的一份。

SHAME and GRACE
為何總覺得自己不配任何美好？

迷思
要讓喜樂臨到，必須發生不尋常的事。

事實
最不尋常的事常常發生在平常事之中。

我想像有一天晚上，我回家後對朵莉絲說：「今天發生了一件奇妙的事。」

我可以想像她會懷疑我在捉弄她，但是她還是回答我：「噢？說來聽聽。」

「我叫我的左腳移動，它真的動了。」

「那叫奇妙？」

那確實是奇妙。沒有人曾經解釋過我們腦海裡的一個意念，如何變成身體的一個動作。思想和行動之間的連結，是生命中眾多不尋常的常態之一。

我的腳曾經發生過一次例外，就在我準備在西雅圖太平洋大學、坐滿學生的體育館裡演講前的十分鐘。我在浴室裡，剛穿上長褲，叫我的腳朝著體育館移動。可是我的腳有別的想法，這次它決定留在原地。什麼？留在原地不動？這個世界的螺絲鬆了嗎？

但是等等。我的左腳怎麼總會在我叫它移動的時候就移動？身體會照著大腦告訴它的命令行動的原因之一，是靠著我們大腦流動

的血液通常是完美比例：濃稠得正好不會出血，又稀薄得正好不會堵塞大腦的某個部位。因此在大部分的時間裡，我們不會中風。但它是如何達成如此高的成功率的？無法理解！每次我們移動腳趾頭，都足以令我們陷入瘋狂的喜樂之中。

迷思

美德本身就是報酬。

事實

只有喜樂本身才是它自己的報酬。

美德的唯一一個好處，就是能讓其他人的生活變得更好。對其他人發揮一些屬世的好處，是做好人的唯一好理由。任何為了美德而行美德的人，獲得的羞恥必然大於喜樂。

對於自己的美德表現得大驚小怪的人，不斷嘗試向自己證明：永遠都不會有理由讓自己感到羞恥，但其實內心是十分懷疑的，因此他們要竭盡努力去證明，亦解釋了為何他們從來不曾真正地享受自己擁有的美德。那是一個無法達成目的的手段。

只有喜樂本身是它的報酬。除了喜樂之外，它沒有別的重點和目的。然而，它卻是其他一切事物的重點和目的。你不需要根據你有多少喜樂來幫助你賣出更多保險，或讓你成為更好的父母來證明它確實存在。如果有人問我們，為什麼我們希望生命中有喜樂，我們應該告訴他們：「因為我們可以享受其中。」

迷思

如果出了什麼問題，我的工作就是撥亂反正。

事實

只有上帝能將全世界掌握在祂的手中。

那些以羞恥為根基的人身邊如果出了什麼亂子，他們會覺得自己必須出手去解決。他們未必會覺得自己須為臭氧層上的破洞或雨林被毀負上責任；但是如果他們是父母，而成年的子女遭遇痛苦，他們就會覺得自己有責任去把事情弄妥。

曾有一位聰明的女子告訴我，我不信任我的孩子。我請她解釋，她說：「你不相信他們能承受痛苦。」她說得沒錯。我經歷過一些痛苦，並且撐過來了；但是我不相信我的孩子能夠應付他們自己的痛苦。因此如果上帝不打算讓他們免受苦難，我覺得那就是我的工作。而當我無法解決問題時，我的喜樂就從我靈魂的後門離去了。

The Return of Joy
喜樂重返

迷思

當我們的世界運作正常時，我們就感到喜樂。

事實

我們的世界從來不曾正常運作。

每一朵烏雲背後都有陽光。當一切安好，癌症遠離自己，刀劍都變成鋤犂，所有的孩子都在街上安全地跳舞，所有眼淚都被擦乾時，沒有陰影的喜樂就會臨到。當天國的平安來臨時，喜樂就不會有陰影。但是在這之前，喜樂會在烏雲的間隙中照射下來。

如果必須先要世界一切正常，我才能感受到一絲喜樂，那麼我將永遠憂鬱。

事實是，如果我們要等待世上一切問題都被解決，所有人都能吃飽，每個人都有棲身之所，所有暴力都止息，才肯去感受喜樂，那麼在新世界的這一側將不會有喜樂。在一個沒有正常運作的世界裡的喜樂，必然是極大的喜樂。喜樂永遠存在，儘管全世界都在等候救贖的過程中，一直呻吟不斷，但是喜樂永遠存在。

　　以上就是一些我曾經過度倚賴的迷思，它們會將喜樂抹煞掉。相信你也有你自己的迷思。無論有什麼樣的迷思，我們都必須加以察驗：因為它們可以關上喜樂的大門，讓我們錯過生命的重點。

　　為了讓我們有更大的機會得到喜樂，生活在這個充滿迷思、鼓勵羞恥的世界中，我們需要不時把它暫停，從其中走出來，然後踏進恩典的真實世界裡。

世界

不健康的羞恥感不復存在。
健康的羞恥感已經失去它的毒鈎。
我們在這裡接受不應得的恩典，卻知道自己有極大的價值。
過去的不良選擇不會左右
我們今日的價值或剝奪我們
對明天的盼望。
當我們有罪時，我們勇於感受那份罪惡感，
因為我們知道我們的罪能得赦免。
我們在這裡慶祝自己的不完全。
我們在這裡可以覺得愚昧而不覺得羞恥。
在這裡，恩典給予我們為自己感到驕傲的理由。
在這裡，恩典的輕省除去羞恥的沉重。
在這裡，喜樂就是一切。

Postscript:
A Faith for the Lighter Life

後記
獲得更輕省生命的信心

我的朋友，
我們不會再次經歷或沉溺於過去的憤怒，
或將年輕時的愚昧延展為成年的羞恥，
因為在走過墓園前往天堂之前，
還有好消息等著我們去聽，有好事等著我們去看。

卻斯特頓
G. K. Chesterton

　　我要用一段個人的陳述來結束本書，這段陳述總結我所說的大部分關於恩典和羞恥得醫治的內容。這是我為自己立足於恩典之上所作的宣告。

　　你可以稱我對信心的委身是擁有免於羞恥、立足於恩典之上的生命，並更輕省過活的一份信心。我不是說自己已經全然活出信心的生命，還沒有呢，我無法做到始終如一。我還在學習如何與恩典同活，不與羞恥為伴；這確實是我希望可以活出來的信心生活，也是我打算要活出的人生。我希望你可以用自己的話，寫下個人因著恩典而輕省過活的宣告。但是，無論你會怎麼做，以下是我的宣告，是我的信念，我以此作為本書的結語：

--------◆--------

◆ 我相信我唯一需要實現的自我，就是創造主要我成為的那個自我。

◆ 我相信我被上帝的恩典接納，不管我應得不應得。

◆ 我相信我和我的黑暗面，以及在其中孕育的善惡混合體，都一起被接納。

◆ 我相信我配得被接納。

◆ 我相信恩典已經讓我自由，可以完全接納我自己，而且不帶條件，就算我並不贊同自己所做的事。

◆ 我相信任何我應該為之感到羞恥的事，都不會令上帝拒絕我。

◆ 我相信自己可以饒恕每一個以不應有的羞恥感來影響我的人。

◆ 我相信我可以饒恕自己過去曾經做出羞辱自己或別人的事情。

◆ 我帶著感恩的心，為自己現在的樣子和將來要成為的樣子感到自豪。

◆ 我相信上帝的恩典醫治了我不應有的羞恥感，並醫治了我所做的一切羞恥之事。

◆ 我相信恩典是世界上最好的東西。

國家圖書館出版品預行編目（CIP）資料

為何總覺得自己不配任何美好？/ 史密德 （Lewis B. Smedes）；林以舜，亮光編輯部譯
--初版. -- 台北市：香港商亮光文化有限公司台灣分公司，2023.11
面；公分. --（心理勵志）
譯自：SHAME AND GRACE: Healing the Shame We Don't Deserve
ISBN 978-626-96934-5-0（平裝）

244.92   112006954

為何總覺得自己不配任何美好？
以恩典治癒深藏內心的羞恥感

原書名	SHAME AND GRACE: Healing the Shame We Don't Deserve
作者	史密德 Lewis B. Smedes
譯者	林以舜、亮光編輯部
出版	香港商亮光文化有限公司 台灣分公司
	Enlighten & Fish Ltd (HK) Taiwan Branch

主編	林慶儀
設計/製作	亮光文創有限公司
地址	台北市大安區敦化南路一段170號2樓
電話	（886）85228773
傳真	（886）85228771
電郵	info@signfish.com.tw
網址	signer.com.hk
Facebook	www.facebook.com/TWenlightenfish

出版日期	二〇二三年十一月初版

ISBN	978-626-96934-5-0
定價	NTD$480 / HKD$138

SHAME AND GRACE: Healing the Shame We Don't Deserve
by Lewis B. Smedes
Copyright © 1993 by Lewis B. Smedes
Complex Chinese Translation copyright © 2016
by Enlighten & Fish Limited Taiwan Branch (HK)
Published by arrangement with HarperCollins Publishers, USA
through Bardon-Chinese Media Agency

博達著作權代理有限公司
ALL RIGHTS RESERVED